그래서
나는
페미니스트가
아니다

그래서 나는 페미니스트가 아니다

초판 1쇄 발행 2018년 5월 15일

지은이 제사 크리스핀
옮긴이 유지윤
펴낸이 안병률
펴낸곳 북인더갭
등록 제396-2010-000040호
주소 10364 경기도 고양시 일산동구 고봉로 20-32, B동 617호
전화 031-901-8268/ **팩스** 031-901-8280
홈페이지 www.bookinthegap.com/ **이메일** mokdong70@hanmail.net

그래서 나는 페미니스트가 아니다

Why I Am Not a Feminist

색다르고 과감한 페미니스트 선언

제사 크리스핀 지음
유지윤 옮김

북인더갭
BOOKintheGAP

일러두기

1. 본문 글 어깨에 붙은 작은 주석은 옮긴이의 것이며, 큰 괄호 안의 설명은 저자의 것이다.

2. 모든 각주는 편집자의 것이다.

3. 주요 인명이나 책명 등의 원어는 가급적 본문에서 맨 처음 나오는 곳에만 병기했다.

차례

책은 해묵은 상처를 헤집을 뿐 아니라

새로운 상처도 내야 한다. 책은 위험이어야 한다.

―에밀 시오랑

A book should open old wounds,

even inflict new ones. A book should be a danger.

― E. M. Cioran

서문

/

Introduction

당신은 페미니스트인가?

여성이 인간이고 인간답게 대우받아야 한다고 생각하는가? 남성과 동등한 권리와 자유를 마땅히 누려야 한다고 생각하는가? 그렇다면 당신은 페미니스트다. 적어도 페미니스트들은 그렇게 주장한다.

이렇듯 단순하고 자명한 페미니즘의 사전적 정의에도 불구하고, 페미니즘 비영리단체에서 수년간 일했고 수십 년 동안 페미니즘을 지지했음에도 불구하고, 나는 이제 페미니즘이라는 꼬리표와 결별하고자 한다. 내게 페미니스트냐고 묻는다면 코웃음치며 아니라고 할 것이다.

남성이든 여성이든 페미니스트라고 하면 다리털을 밀지 않고, 분노에 차 있으며, 남성을 증오하는 귀신 같은 캐릭터로 그리기 일쑤다. 걱정하지 마시라. 그런 오해가 두려워 페미니스트임을 부정하려는 게 아니다. 그렇다고 내가, 다가가기 쉽고 합리적이며 정상적인 이성애자고 남성을 사랑할 뿐 아니라 성적으로 개방됐다고 당신을 안심시키지도 않을 것이다. 비록 이러한 오해방지 문구가 지난 15년간 발표된 모든 페미니스트 저술의 전제처럼 보이지만 말이다.

   사실 바로 그런 자세 때문에 나는 페미니스트라는 꼬리표를 거부한다. '위험하지 않아요, 물지 않아요, 날 덮쳐도 좋아요'와 같은 바로 그런 자세. 나쁜 페미니스트에 관한 논쟁이나 "페미니스트가 비키니 왁싱을 받아도 되나요?" 따위의 탈무드식 규범론. "안드레아 드워킨^{Andrea Dworkin, 미국의 급진 페미니스트}이 무슨 말을 하는지 우리도 모르겠다니까요! 우릴 믿어요." 따위의, (남성)독자에게 너무 많은 것을 원하거나 너무 멀리 가지 않겠다고 안심시키는 이야기들. 입 안의 혀처럼 구는 것이 선교라도 된다는 듯 행동하는 페미니스트들 말이다.

여성해방 전선의 길 어딘가에서 가장 효과적인 페미니즘은 보편적이어야 한다고 결론이 난 듯하다. 그러나 페미니즘은 대중에게 매력적인 세계, 즉 정의로우면서도 주고받는 삶, 공동체에 기반을 둔 세계와 철학을 제공하지 못했다. 대신 페미니즘 자체가 현대 남성과 여성을 위해 재정의되면서 새로운 마케팅 전략으로 포장돼버렸다.

누구나 보편적으로 받아들이는 것은 진부하고 전혀 위협적이지 않으며 비효율적일 수밖에 없다는 사실을 페미니스트들은 잊어버린 게 틀림없다. 사람들은 변화를 좋아하지 않는다. 따라서 많은 사람을 끌어오기 위해서 페미니즘은 약간의 수정을 제외하고는 현상 유지에 머물 수밖에 없었다.

즉, 페미니즘이 완전히 무의미해진 것이다.

급진적 변화는 무섭다. 사실 끔찍하기까지 하다. 게다가 내가 지지하는 페미니즘은 완전히 급진적인 혁명이다. 가부장제는 체제에 반대하는 모든 사람들을 종속시키고 통제하고 파괴해버리는 세계를 고안해냈다. 태생적으로 부패한 그 세상에 그대로 여성의 참여를 단순히 허용하는 게 아니라 여성이 능동적으로 세상을 재건할 수 있는 그런 혁명을 나는 지지한다. 여성이 교회, 정부, 자본 시장의 문을 두드리며 예의 바르게 끼워달라고 하는 게 아니라 새로운 종교, 정부, 경제 체제를 창조하는 그런 혁명 말이다. 나의 페미니즘은, 결국 지금과 별반 다르지 않은 것으로 판명된 점진적 변화가 아니다. 모든 것을 정화하는 불이다.

억압이라는 분명한 목적을 위해 설계된 체제 속에서 "음, 저 좀 제발 그만 억압하실래요?"라고 요구하는 건 터무니없는 일이다. 그 체제를 전부 전복하고 대체하는 것이야말로 유일하게 가치있는 일이다.

이것이 내가 '자기역량 강화'self-empowerment에 미친 듯이 집착하는 페미니즘에 찬성하지 못하는 이유다. 기업문화를 파괴하기는커녕 그저 여성 CEO와 군 간부의 비율을 높이려고만 하기 때문이다. 이러한 페미니즘은 사고력도, 불편함도, 실질적 변화도 요구하지 않는다.

페미니즘이 보편적이라면, 즉 모든 여성과 남성이 '올라탈' 수 있는 것이라면, 그런 페미니즘은 사절이다.

페미니즘이 정치적 진보를 가장하여 개인의 영달을 위해 이용되고 만다면, 그런 페미니즘도 사절이다.

자신이 페미니스트라고 선언하면서 '나는 화나지 않았

고 아무런 위협이 되지 않는다'고 안심시켜야만 한다면, 그런 페미니즘도 절대 사절이다.

　나는 화가 났다. 그리고 꽤 위협적이고 싶다.

　페미니즘이란?

　■ 자아도취자의 반사적 사고: 나는 페미니스트임. 고로 나의 행동은 진부하든 퇴행적이든 모두 페미니스트적인 행위. 즉, 내가 뭘 하든 나는 영웅.

　■ 여성도 힘없고 가난한 자들을 억압하는 데 동등하게 참여하도록 허용하는 싸움.

　■ 의견 충돌이나 갈등은 학대라는 순진한 믿음에 기대어 당신에게 동의하지 않는 사람은 누구나 비난하고 찍소리도 못하게 하는 방법.

　■ 불편하거나 도전받는다는 생각이 들지 않도록 유해 게시물 경고와 정치적으로 올바른 언어, 여론 재판, 허수아비 논증 등을 이용하는 방어 체계.

　■ 코에 신선한 우유 한 방울 묻은 새끼 고양이인 척하는 전투견.

　■ 어떤 텔레비전 프로그램이 좋고 나쁜지 십년째 계속되는

대담.

　■ 누구에게도 거슬리지 않고 모두의 입맛에 맞도록 포커스 그룹 테스트를 거쳐 새로 출시된 밍밍한 탄산음료 브랜드. 뼈에서 칼슘이 빠져나간다고 과학적으로 증명되었으며 어마어마한 마케팅 예산을 뿌려댐. 광고 문구: "괴물이 돼라. 당신에겐 그럴 자격이 있다."

　■ 열망. 당신 아래 있는 사람들은 불쌍하긴 하지만 관심 밖. 당신 위에 있는 사람들이야말로 최고의 인생으로 모범을 보이는 이들임. 여기서 최고의 인생이란 부와 안락함, 탄탄한 엉덩이로 정의됨.

　■ 모든 게 당신 중심.

이런 이유 등으로 나는 페미니스트가 아니다.

1
보편적 페미니즘의 문제

The Problem with Universal Feminism

"여성이라면 당연히 페미니스트여야 한다." 요새 온라인, 잡지, 일상 대화 등에서 아주 많이 듣는 말이다. 아니, 여성이라면 이미 페미니스트일 거라고 보편적 페미니즘을 옹호하는 이들은 주장한다. 동일한 노동에 대해 여성도 마땅히 동일한 임금을 받아야 하며 여성이 자신의 건강과 가족계획을 결정할 권리를 지닌다고 믿는다면 당신은 이미 페미니스트이므로 페미니스트라는 단어를 '되찾아와야' 한다는 주장이다.

　이러한 보편적 페미니즘이라는 개념이 대중문화에 등장했다. 유례없는 일이다. 지난 수십년간 여성 유명인들이 사나워 보이거나 대중들에게 먹히지 않을까봐 페미니스트라는 꼬리표로부터 거리를 두던 상황과는 사뭇 다르다. 이제 흐름이 바뀌었다. 한때 유행과 거리가 멀었던 페미니즘은 현재 대유행 중이다. 마케팅 불가였던 것은 이제 마케팅 전략이 되었다. 유명인, 뮤지션, 여배우들 할 것 없이 모두가 자랑스럽게 페미니즘이라는 단어를 선포한다. 그 단어는 이제 패션 잡지, TV쇼, 음악에도 나온다. 페미니즘이 트렌드다.

그리하여 우리 모두는 스스로 페미니스트라 선언해야 함을 잘 알았다. 그럼으로써 무엇을 성취하느냐는 명확하지 않다. 그뿐 아니라 우리가 다음에 무엇을 해야 할지도 애매하다. 페미니즘이라는 꼬리표를 되찾아와 페미니즘이라는 단어를 사용하고 페미니즘 슬로건이 나오는 정치적으로 올바른 티셔츠, 혹은 '급진 페미니스트'라고 적힌 220달러짜리 애크니 스튜디오^{Acne Studio, 고가의 명품 패션브랜드}의 스카프나 같은 단어가 적힌 650달러짜리 스웨터를 사서 공공장소에서 자랑스럽게 입고 다닌다고 치자. 그다음엔 도대체 무엇을 해야 한단 말인가? 또 감히 묻건대, 그 단어를 누구에게서 찾아온다는 말인가?

페미니즘이라는 단어를 우리가 못 쓰도록 망친 것이 남자들인가? 남자들은 페미니즘이라는 말을 욕처럼 사용하며 페미나치^{feminazi, 페미니즘과 나치를 합성하여 만든 말로 급진적 페미니스트를 비하하는 용어} 마녀들이 사회를 몰락시키고 신의 분노를 불러 허리케인과 지진을 일으킨다고 공포를 조장하는 데 많은 시간을 보냈다. 그러나 우익 목사가 수치를 주기 위해 던지는 페미니스트라는 단어를 사람들은 오히려 더 자랑스럽게 받아들인다는 사실이 드러났다.

오늘날 여성들은 '페미니스트'라는 말을 남성이 아니라 다른 여성들로부터 되찾아오자고 요구한다. 오늘날의 페미니스트들은 진짜 페미니스트들이 페미니즘이라는 운동의 명예를 실추시키고 다른 여성들이 이 운동에 참여하지 못하도록 막는다고 비난한다.

페미니즘은 언제나 소규모의 활동가, 급진주의자, 괴짜들로 이루어진 비주류 문화였다. 이들은 온힘을 다해 사회를 자기네 쪽으로 끌어왔다. 울타리에 몸을 묶고 단식투쟁을 하고 창문을 깨뜨리고 폭탄을 던지며 여성 참정권을 위해 싸웠던 사람들은 결코 절대적 여성 다수가 아니었다. 절대적 여성 다수는 신경쓰지 않거나 아니면 그 사람들이 그렇게 난리를 치지 않기를 바랐다. 여성의 공적 영역을 만들어내고, 여성 소유의 은행과 사업을 조직하며, 여전히 불법이지만 안전한 낙태수술을 가능케 하고, 교육제도 내 여성의 자리를 위해 싸우고, 급진적 글과 선언문을 쓴 것 역시 절대적 여성 다수가 아니었다. 2세대 페미니즘 운동*에서 여성 다수는 그저 더 많은 독립이 보장된 안락한 (결혼)생활을 원했을 뿐이다.

여성의 위치를 끌어올리는 고된 일은 언제나 소수의 급진적이고 열성적인 여성들의 몫이었고, 주로 충격적인 행동과 말들을 통해서 이루어졌다. 대다수 여성은 이 소수의 여성으로부터 혜택을 받으면서도 그들과 거리를 두려는 경우가 많았다.

그러나 현재 급진주의자들과 주류 사이에는 다른 역학이 존재한다. 이제는 주류가 급진성을 점유하는 동시에 급진주의자들의 행동을 부인하려고 한다. 나는 '페미나치'라는 단어를 우익 남성들의 입이 아니라, 젊은 페미니스

---

* 1960년대부터 시작된 페미니즘 운동으로 생식과 사적인 영역에서의 여성해방은 물론 가부장제 사회에서의 차별과 억압에 저항하며 사회와 문화 전반에 걸쳐 급진적인 운동을 펼침. 그러나 인종을 뛰어넘지 못하고 성소수자를 배제시키는 한계를 드러내며 쇠퇴함.

트들에게서 훨씬 더 많이 들었다. 이 단어는 우익 남성들이 써먹듯이, 활동가들과 혁명가들에게 망신을 주고 그들과 거리를 두기 위해 사용된다. 현재 가장 두각을 나타내는 페미니스트 필자들은 이전 세대 페미니스트들과 거리를 두기 위해 안달하며 안드레아 드워킨[*]이나 캐서린 매키넌[Catherine MacKinnon][**]과 같은 여성들의 이론을 의도적으로 왜곡하며 자신들이 그들과 무관하다고 강조한다. 로리 페니[Laurie Penny, 영국의 페미니스트이자 칼럼니스트]는 『뉴 스테이츠먼』[New Statesman]에 기고한 칼럼에서 드워킨의 "무기화된 망신주기[weaponized shame]는 내가 따르는 페미니즘이 아니다"라고 썼는데, 드워킨의 이론이 어떻게 '무기화된 망신주기'로 요약되는지에 대해선 일말의 설명도 남기지 않았다.

페미니즘이 모두에게 먹히게 하려고 페미니스트 필자들은 페미니즘의 목표로 인해 아무도 불편해지지 않도록 해

---

[*] 1946-2005. 여성과 성에 가해지는 차별과 폭력을 고발한 미국의 대표적인 급진적 페미니스트이자 작가. 주요 저서『포르노그래피』에서 섹스를 통해 여성을 지배하려는 남성의 권력욕과 성차별을 폭로했고,『성교』를 통해 예속적인 성적 관계의 폭력을 파헤치면서 성과 권력에 대한 페미니즘의 이론을 확실히 구축함.

[**] 미국의 급진적 페미니스트 운동가이자 변호사. 여성에 가해지는 성적 학대에 저항하며 드워킨과 함께 여성을 성적으로 소비하는 포르노그래피를 비판함.

야 했다. 따라서 급진적 변화를 주장하던 여성들은 제외될 수밖에 없었다. 하지만 페미니즘의 목적 자체가 사람들을 불편하게 하는 것 아니었나. 어떤 사람이나 사회가 급격히 변하려면 정신 혹은 정서의 대변동이 있어야 한다. 변화를 기꺼이 받아들이기 전에 그 필요성을 절감해야만 한다. 게다가 모두에게 편안한 페미니즘이란 전체의 유익보다는 각자 자신의 이해를 도모하는 페미니즘일 뿐이다. 어쨌든 그리하여 페미니즘은 유행하게 되었지만, 더욱 평등한 사회를 만들기 위한 실제 페미니스트들의 활동은 언제나 그렇듯이 유행과는 거리가 멀었다.

보편적 페미니즘의 추구가 좋아 보일지도 모른다. 아니, 좋아 보이진 않더라도 적어도 중립적으로 보이긴 할 것이다. 그러나 이는 지속해서 페미니스트 운동을 방해했을 뿐 아니라 심지어 그 방해 과정에 더욱 속도를 내기까지 한다. 왜냐하면 보편적 페미니즘은 초점을 사회에서 개인으로 이동시키기 때문이다. 예전에는 여성의 삶과 직업이 어떠해야 할지 비전을 공유하고 단체행동을 했는데, 지금은 그저 정체성의 정치만 남았다. 다른 견해나 세계관, 역사를 지닌 사람들과 공유를 거부하고 개인의 역사와 성과에만 초점을 맞출 뿐이다. 그렇게 우리는 홀로 남을 때까지 계속 더 작은 집단으로 쪼개졌고, 우리의 관심과 에너지 역시 외부가 아니라 내부를 향하게 되었다.

　현대 페미니스트 필자들의 글을 읽으면서 페미니스트라는 이름표를 왜 그렇게 강조하는지 궁금해할 수도 있겠다. 동일노동 동일임금을 주장하고 여성의 출산 관련 자기결정권을 중시하며 그 신념에 따라 투표하는 여성이 있다면, 그녀가 스스로를 페미니스트라 인정하는지에 왜 신경을 써야 할까?

　여성에겐 페미니스트 이름표를 자신에게 붙이기를 꺼릴 만한 합당한 이유가 있다. 평등을 믿는 여성이라 할지라도 말이다. 일부 페미니스트 리더들의 눈먼 인종주의에서부터 포르노 반대 운동을 위해 기독교 리더들과 연합했던 페미니스트들까지 페미니즘에도 암울한 순간들이 있었다. 그리고 당연하게도 일부 여성들은 이러한 실패 사례가 전체 운동의 가치와 맞지 않는다고 생각한다.

　그러나 보편적 페미니스트들은 당신이 왜 페미니스트

이름표를 꺼리는지에 귀 기울이는 대신, 당신을 개종시킨 답시고 그 이유를 대신 말해줄 것이다. 그들은 페미니스트라면 누구나 레즈비언이고, 다리털을 밀지 않으며, 남성을 증오하고, 결혼이나 출산을 거부하는 이들이라고 주장한다. 또 당신이 페미니스트가 되려면 머리를 밀어야 하고 생리혈로 미술과 공예를 해야 하며 포크 음악을 들어야 할 거라 주장한다. 페미니스트들의 생각에 따르면 당신이 페미니즘을 멀리하는 것은 페미니즘의 이미지 때문이며 그 근원에는 급진적 2세대 페미니스트들이 있다는 것이다.

이처럼 '누구에게나 통하는 보편적 페미니즘'을 목표로 삼는 페미니스트들은 광신도들과 골수 여성혐오주의자들만이 자신들의 주장에 동의하지 않을 정도로 페미니즘의 메시지를 간소화할 필요가 있었다. 그러나 이들은 이렇게 부드럽게 순화되고 디즈니 동산처럼 무언가 단순화된 페미니즘 때문에 여성들이 등을 돌린다는 사실을 미처 깨닫지 못한 듯하다.

나도 페미니즘을 전도하는 사람들의 마음을 이해하지 못하는 건 아니다. 우리의 현재 위치는 사실 실망스럽다. 이 혁명이 시작된 지 100년이 넘었는데 세상은 여전히 여성의 존재를 거부한다. 그뿐만 아니라 여성은 아직도 훨씬 더 많은 차별과 폭력을 견뎌야 하는데, 어찌된 영문인지 그에 따르는 고통과 비난도 감내해야만 한다. 강간을 당한 다면, 아마도 여성인 당신의 잘못일 것이다. 데이트 폭력이 일어난다면, 이것도 여성인 당신의 잘못일 것이다. 남성 동료들이 승진을 거듭하지만 당신은 계속 제자리에 머문다면, 그것 역시 여성인 당신의 잘못일 것이다. 성폭력 범죄율이 여전히 높고 기소 성공률이 낮다거나, 사회가 실제로 여성 자신이 세상에 어떤 기여를 했는지보다 누구의 엄마이고 누구의 부인인지를 더 따져 여성의 가치를 매긴다는 사실만이 문제가 아닌 것이다.

더욱 큰 문제는 수많은 여성이 자기 자신의 해방을 받아들이는 데 저항하며 그러는 가운데 진보를 위한 우리의 계획에 차질을 빚는다는 것이다.

일부 여성들이 페미니스트라 자임하기를 거부하는 이유는 페미니스트라는 단어가 남성을 소외시키기 때문이다. 여성들은 아직도 직장 대신 아이를 기르기 위해 전업주부를 선택하거나, 운동이 된다는 이유로 폴 댄싱^{pole-dancing, 댄서가 긴 막대를 붙잡고 추는 선정적인 춤}을 배우기도 한다. 또한 아직도 고통을 무릅쓰고 몸에 난 모든 털을 제거하고 남성 구애자들을 위협하지 않으려고 백치인 척을 한다. 그저 엉덩이만 튼실하면 좋으니 어서 입을 열어 내 성기나 물라고 내지르는 가수들을 여전히 좋아하고 그들의 음반을 산다. 아직도 블록버스터 영화를 보며 세상을 구원하는 (남성)사람이 되기보다는 구원을 받아야 하는 섹시한 여자친구나 조력을 아끼지 않는 아내가 되고 싶어한다. 할리우드에 있는 여성들은 여전히 남성이 세상을 구원하는 영화를 제작한다. 여성들은 아직도 아내를 구타하는 사람, 강간범, 남성우월주의자를 사랑하고 지지한다. 여성들은 여전히 공화당에 투표한다.

여성해방에 적극적이지 않은 자매들을 대체 어떻게 해야 할까? 많은 페미니스트가 그들을 페미니스트로 전향시키는 게 답이라 생각한다. 그 첫걸음(얄팍한 페미니즘이 도래한 새로운 시대에는 마지막 걸음)은 페미니즘이라는 이름표와 정체성을 받아들이는 일이다. 세상과 그들의 역할이 엉망진창이라는 사실을 드러내는 대신 말이다.

그 전향에서 먼저 우리는 여성 스스로 페미니스트라고 정의하는 일이 왜 중요한지를 인정해야 한다. 그러니까 세상에 중요한 게 아니라 페미니스트들에게 중요한 이유를 말이다. 이는 여성들이 어떤 삶을 선택하고 직장이나 가정, 공동체 내에서 어떻게 행동하는지와 아무 상관이 없다. 페미니즘의 철학적·정치적 내용이 아니라 이름표와 정체성에만 주목하는 새로운 페미니즘에서는 표면에 드러나는 것들이 가장 중요하다. 즉 잘못된 단어를 버리고 올바른 단어를 사용하라는 말이 그것을 증명한다. (올바른 단어가 계속 바뀐다는 사실은 잘못된 단어를 사용했을 때 밀려오는 넷페미들의 분노를 잠재우는 데 아무런 역할도 하지 못한다.) 이것이 그저 스스로 페미니스트라 칭하는 일이 갑자기 급진적 행위로 인정될 때 벌어지는 일이다.

이는 페미니스트 블로그들이나 『버즈피드』*BuzzFeed*와 같은 유사 친페미니스트 웹사이트에서 흔히 보이는 광경이다. 스스로 페미니스트라 칭하기를 거부하는 여성 유명인사들의 목록을 보자. 페미니스트 이름표와 정체성을 제대로 받아들인 '좋은' 페미니스트들은 주기적으로 등장하는 이런 목록을 보며 다른 여성들의 무지에 탄식하며 고개를 가로젓는다. 페미니스트 이름표를 거부하는 각자의 이유를 읽거나 나이든 여성들이나 다른 나라 여성들의 상이

한 문화적 맥락을 이해하는 대신, 페미니스트들은 공개적으로 망신을 주는 댓글을 단다. 그러면서 자신들의 올바른 사고와 말과 정체성에 대해 뿌듯해한다. 왕년에 좀더 페미니스트적 성향을 드러냈던 『버스트』^{Bust}지는 여성을 인터뷰할 때 자신이 페미니스트라고 생각하는지 묻곤 했다. 2005년, 가수 비외르크^{Bjork}가 아니라고 한 적이 있는데, 그 인터뷰로 그녀는 해마다 계속 온라인 목록에 올라 있다. 비외르크는 여성 예술가이지만 성별과 관계없이 그 세대 가장 혁신적이고 대담한 뮤지션이라는 평가를 받는다. 비외르크는 많은 여성 뮤지션, 패션 디자이너, 영화감독 등과 공동작업을 하거나 그들을 지원했다. 또한 여러 인터뷰에서 남성 지배적인 산업에서 여성으로 일하는 것의 어려움을 공개적으로 솔직하게 털어놓았다. 그녀는 자신이 모범적 인간이자 예술가라는 것을 증명했을 뿐 아니라, 여전히 뮤지션이 되고 싶어하는 청소년에게 선망의 대상이다. 페미니스트들이 비외르크를 그녀의 행동이 아니라 그녀의 언어와 그녀가 자신을 정의하는 방식에만 근거하여 문제 삼는다는 것을 이해한다면, 이것이 철학과는 무관한 페미니스트 마케팅 캠페인이라는 사실을 알 수 있다.

그들은 페미니스트 걸파워 시장을 찾아내 페미니스트라는 단어를 요란하게 떠들어댄다. 그러나 퇴보적인 사상, 이미지, 메시지를 전달하는 반짝반짝 빛나는 팝스타들과 비외르크를 비교해보라. 페미니스트란 단어는 비판을 막는 방패로 작용하며, 그 결과 이런 여성 팝스타 다수가 영웅으로 칭송된다. 올바른 단어만 이용하면 모든 것이 용서된다. 무조건 통과다. 올바른 단어를 사용하지 않으면 여태 살면서 해온 모든 좋은 일이 가려진다.

그렇다면 이 이름표가, 더욱 흥미롭고 복합적이며 명석한 여성들을 세상에 선보이기 위함이 아니라면, 왜 그렇게 중요한 것일까? 한마디로, 그것은 위안 때문이다.

당신에게 동의하는 사람들로 둘러싸여 있으면 많은 생각을 하지 않아도 된다. 당신의 방식 그대로 자신을 정의하는 사람들로 둘러싸여 있으면 독특한 정체성을 만들려고 노력하지 않아도 된다. 당신과 똑같이 행동하는 사람들로 둘러싸여 있으면, 자신의 선택에 의문을 품지 않아도 된다.

우리에게 새로운 페미니스트들이 필요하다면, 그들을 어떻게 하면 만들 수 있을까? 두 가지 방식이 있다. 첫번째 방식은 브랜드 재정의다. 페미니즘을 덜 위협적이고 더 구미에 맞도록 한다. 여성들이 어떤 삶을 살든 그들은 이미 페미니스트라는 것을 알려주고 이름표만 바꾸면 된다는 사실을 일깨운다.

이를 위해서는 페미니즘이 무엇인지에 관한 지배적 관념을 없애야 한다. 그런데 우리 모두가 생각하는 페미니즘의 이미지는 2세대 페미니즘 운동에서 비롯되었다. 분노와 털로 점철된 이미지다. 이 이미지를 맥락화하지 않고 거부해버림으로써 페미니즘은 과거의 급진성을 지워버리는 데 일조한다. 브라를 태워버리던, 겨드랑이털이 난 귀신같은 여자들로부터 거리를 두면서 페미니즘은 2세대 여성들이 했던 모든 훌륭한 일들을 잊고 그들과 의절해버린 것이다.

그러므로 현재 많은 페미니스트 필자들이 그러하듯 페미니즘이 특정 지점에서 '너무 멀리 나갔다'고 공공연하게 선언하는 것이 중요해진다. 그렇게 후세대 페미니스트들은 안드레아 드워킨과 캐서린 매키넌, 슐라미스 파이어스톤^{Shulamith Firestone}*, 저메인 그리어^{Germaine Greer}** 같은 무서운 여성들의 저작을 읽기보다는 비난하기에 급급하다. 이 무서운 여성들의 이론은 의도적으로 오해되고 왜곡된다. 페미니스트가 될 가능성이 있는 독자들에게 보편적 페미니스트의 합리성을 설득하기 위해서다. 그렇게 2세대 페미니스트들은 희생양이 된다. 후세대 페미니스트들은 다리털을 밀고, 남성과 섹스를 하고, 여성혐오 문화를 소비하면서도 페미니스트일 수 있다고 주장한다. 보세요, 우리도 그러잖아요, 우리가 스스로 페미니스트라고 하는 것처럼 당신도 그럴 수 있어요.

다음은 좀더 친근한 버전의 페미니즘을 만드는 것이다. 여성들이 삶에서 받는 억압들을 정치·사회적으로 이해하는 대신 모든 것을 개인의 선택으로 치환시키는 페미니즘이 그 예다. 일례로 영화와 TV의 로맨틱 서사에서부터 의료보험, 정부의 세제혜택에 이르기까지 우리 문화의 모든

---

* 임신과 출산 등 생물학적으로 제한된 여성의 지위를 사회적으로 해방시켜야 한다고 주장한 선구자적 2세대 페미니스트. 대표작 『성의 변증법』.

** 호주 출신의 페미니스트이자 영문학자. 거짓된 해방을 경계하며 여성의 고귀한 가치와 진정한 자유를 주장함. 대표 저서로 성의 자유를 통해 여성해방을 설파한 『여성, 거세당하다』가 있음.

것은 여성들에게 결혼을 하라고 등을 떠민다. 그런데 결혼은 역사적으로 여성을 통제하고 사유재산으로 강등하는 방편이었다. 이 상징적 의미는 여전히 결혼식의 외양과 아내와 남편의 언약에 쓰이는 말에 엄연히 살아있다. 그럼에도 스스로를 페미니스트라고 정의하는 사람이 결혼하고 싶어하고 결혼을 선택했다면 결혼은 자동으로 페미니스트 행위가 된다.

페미니즘이 사회에 의문을 제시하고 관계를 맺는 방식에 대해 고민하며 자신의 삶에 질문을 던지고 새로운 삶의 방식을 모색하는 정치체제에서 방향을 틀어 자기역량 강화와 자기계발의 방편으로 바뀌는 순간, 그것은 보편적 페미니즘이 된다. 이제 누가 무엇을 하든 페미니스트라는 이름표를 달 수 있다.

페미니스트의 수를 늘리는 두번째 방법은 스스로 페미니스트라 말하면 삶이 나아진다고 여성들을 설득하는 것이다. 이런 방식으로 페미니즘은 그저 자조self-help를 돕는 제도이자 더 나은 오르가슴을 경험하고 돈을 더 많이 벌고 더 많은 행복을 느끼고 가정과 직장에서 더 많은 권력을 가져야 한다고 말하는 또다른 목소리로 변질된다. 여기서 목표는 요새 많은 페미니스트가 쉽게 던지는 말로, 자기역량 강화다. 자신이 원하는 대로 삶을 사는 능력. 그러나 그 삶이 어떠해야 하며 어떨 수 있는지에 대한 고민은 빠져 있다.

자립을 중시하는 문화에서 개인 삶의 사회적 맥락은 불가피하게 제거된다. 비록 쥐꼬리만 할지라도 통제력이 있다고 믿기 위해 당면한 문제를 사회적 맥락보다는 심리적 맥락에서 생각하기로 한 것이다. 이 방식에서 당신의 행복은 오롯이 당신만의 책임이자 당신의 통제권 안에 있다. 자립을 중시하는 문화는 또한 불안의 문화다. 당신의 인생에서 개선될 수 있는 부분은 언제나 있을 것이므로 늘 평가하고 비교하는 상태가 된다. 내 성생활은 어떻지? 괜찮은 줄 알았는데 이 사람의 성생활이 훨씬 나아 보이네. 이 사람 같은 성생활을 하면 내가 더 행복해질까? 나는 안 하는데 이 사람이 하는 건 무엇일까? 그런 성생활을 누리려면 내가 어떻게 해야 하지? 나보다 허벅지가 가늘구나, 허벅지가 더 가늘어지면 나도 정말 더 대담해질 게 분명해.

여성이나 남성이나 이러한 사고방식의 덫에 걸린 사람

들은 가능한 최선의 삶을 살기 위해 자신들의 '잘못'과 약점을 개선하는 데 시간을 보낸다. 자립 모드의 페미니즘은 이제 단순히 또하나의 잣대이자 평가과정이 될 뿐이다. 그래서 슬슬 『섹시한 페미니즘』*Sexy Feminism* 같은 책이나 페미니스트들이 더 만족스러운 성생활 혹은 연애생활을 누리는지에 대한 과학적 연구, 페미니즘이 어떻게 나의 승진 혹은 더 나은 오르가슴을 얻는 데 기여했는지를 다루는 에세이 등이 등장한다. 가부장제라 불리는 무언가가 당신을 억누른다는 희미한 개념이 있긴 하나 개인적 성취를 제외하고는 그것에 어떻게 대항할지 별 의견이 없다.

페미니즘이라는 단어에서 모든 의미를 제거한 지금, 페미니스트라고 하는 사람들은 늘어났다. 뾰로롱! 이제 자동으로 훨씬 더 평등한 사회가 되지 않았는가? 단순히 여성만이 아니라 모든 사람을 위해 모든 것이 나아지지 않았는가?

앞서 말한 조건들 내에서 여성들을 페미니즘으로 전향시킨다 해도 더 공정한 사회나 여성들을 위한 더 안전한 사회로 이어지지는 않는다. 보통 페미니스트라는 이름표를 수용하면 페미니즘이라는 단어에 담긴 의미 역시 수용하는 것으로 가정하곤 하지만, 이런 미치광이 마케팅 캠페인 때문에 모든 의미는 빠져나가버렸다. 그저 여성이라면 자신의 정치적·개인적 행위나 관계를 맺는 방식을 조금도 변화시키지 않은 채 페미니스트라는 이름표를 달 수 있다. 그저 외투 위에 다는 또하나의 배지, 자동차 범퍼에 붙이는 또하나의 선전 스티커에 불과한 것이다. 내용물은 변함이 없다. 이교도를 개종시키려는 기독교인들의 전도행위를 방불케 한다. ("정말요? 새 생명과 창조의 힘을 상징하는 계란을 중심으로 풍요한 봄의 축제를 즐기신다고요? 어머 신기해라, 우리도 그래요.") 이러한 전도 노력은 의심을 품은 페미니스트들의 마음을 치유할 뿐만 아니라 페미니스트 운동 전체에서 왜 여성들이 페미니즘과 거리를 두고 싶어하는지 묻지 않게끔 한다.

페미니즘이 실제로 여성들을 더 행복하게 하고 더 나은 오르가슴을 느끼게 하고 결혼생활을 더 원만하게 만들며 더 많은 돈을 벌게 한다면 그런 전도행위조차 불필요할 것이다. 말이 나온 김에 덧붙이자면, 앞에 말한 것들이 이루어지지 않는다고 페미니즘이 나쁜 것도 아니다.

지배문화의 가치체계와 목표를 거부하는 일은 언제나 극적이고 불편한 행위일 것이다. 피상적 수준의 페미니즘, 그러니까 진정한 개혁을 요구하는 게 아니라 그저 이름표만 바꾸는 페미니즘은 당신에게 그렇게 고된 일을 요구하지 않는다. 피상적 수준의 현대 페미니즘의 실태를 이해하기 위해서는 흔히 페미니즘의 성공지표로 언급되는 것이 가부장적 자본주의의 성공지표와 같다는 사실에만 주목하면 된다. 달리 말해 돈과 권력이다. 『포춘』^{Fortune}지 선정 500대 기업의 여성 CEO가 몇명인지, 『뉴욕타임스』$^{New\ York\ Times}$지의 여성기고자가 몇명인지, 의대를 졸업한 여성의 비율이 얼마나 되는지 등의 그 수치들 말이다.

　　우리는 모든 여성이 자신을 페미니스트라고 부르면 가부장제가 자동으로 해체되리라 가정한다. 페미니즘이 자신을 이렇게 힘있는 자리에 오르게 했다고 믿는 여성 CEO는 자랑스럽게 일어나 페미니즘을 신봉한다고 할 수도 있을 것이다. 그러나 그렇게 말하는 바로 그 여성 CEO가 여성과 아이들이 노예처럼 일하는 공장에 외주를 주고 독성물질을 방출하여 대기와 수질을 오염시키며 여성 직원들에게 남성에 비해 낮은 임금을 줄 수도 있다.

그러나 위의 사례들보다 더 나쁜 것은 현대 페미니즘이 권력이 있는 여성을 본질적으로 좋게 보는 경향이 있다는 점이다. 일례로 힐러리 클린턴^{Hillary Clinton}은 상원의원 시절 사회복지 프로그램을 폐지하여 빈곤한 여성과 아이들에게 극심한 손해를 끼쳤고 무고한 민간인 수천 명의 죽음과 고통을 야기한 국제적 개입을 지지했다. 미국 GM 회장 메리 T. 배라^{Mary T. Barra}는 자사 제품의 안전문제 은폐를 지휘하여 12명 이상의 인명피해를 낳았다. 이들을 비롯하여 여성이 아니었다면 페미니스트들에게조차 비난을 받았을 유명인사들을 보라. 남성 동료만큼이나 무자비하고 생각 없이 행동하는 여성들은 영웅이나 본보기가 될 수 없다. 그런 여성들이 자신을 페미니스트라 부른다는 이유만으로 얼마든지 자유롭게 행동해도 된다고 믿는 사람이 많을지는 모르겠으나 그렇다고 그들이 칭송받아야 할 이유는 전혀 없는 것이다.

　　이것이 바로 페미니즘이 공허해질 때 일어나는 일이다. 누구나 페미니즘의 탈을 자유롭게 쓰려 하고, 페미니즘이라는 이름으로 끔찍한 일이 자행된다. 우리가 복원해야 하고, 복원할 가능성이 있는 것은 페미니즘 철학과 새로운 관념들이다. 윤리적인 것, 세상에 참여하는 것, 단순히 파괴하는 게 아니라 새로운 무언가를 창조하는 일이 어떤 의미인지를 묻는 새로운 관념들 말이다.

2

여성들이라고 꼭
페미니스트여야 하는 것은 아니다

Women Do Not Have to Be Feminists

페미니즘을 거부하는 여성들은 동정을 받아야 한다고 생각하는 경향이 있다. '불쌍한 여편네들 같으니라고, 자기에게 좋은 것도 모르고 의존과 종속, 감금과 노예의 슬픈 인생을 살다니. 언제쯤 잠에서 깨어날까?'

자신과 다른 선택을 한 사람들을 이해하는 것보다는 그들을 동정하는 편이 늘 더 쉽다. 자기 자신의 선택을 돌아보면서 혹 다른 선택을 했더라면 어땠을까 하는 후회를 피할 수는 없으니 말이다. 이처럼 사람들은 복음을 전하기 위해서가 아니라 의혹을 없애기 위해서 전도에 나선다.

우리는 페미니즘을 거부하는 여성들에게 귀 기울이는

대신 그들을 판단하려고 한다. 그들은 게으르고 잘 현혹되거나 바보고 욕심이 많으며 성격에 문제있는 게 틀림없다고, 또한 아빠 콤플렉스가 있거나 꽃뱀이거나 종교교리 때문에 실제로 남성이 여성보다 우월하다고 믿는다거나 페미니즘을 거부하는 것이 남자들에게 더 섹시하게 느껴진다는 이유로 그렇게 행동하는 게 틀림없다고, 그리고 그들은 학력이 낮거나 낮은 계층, 복음주의자 기독교인, 변두리에 사는 안하무인 엄마들이거나 멍청이가 틀림없다고 말이다.

사람들이 왜 페미니스트이기를 거부하는지 깨닫는 일은 사실 그리 어렵지 않다. 이를 이해하기 위해서는 페미니스트 혁명이 여성들에게 무엇을 주었고 무엇을 주지 않았는지를 살펴보면 된다.

우리 모두가 페미니스트가 되기로 결심했던 이유는 여성이 거부당하는 현실을 보았기 때문이다. 역사적으로 여성들은 공적 영역이나 직장, 교육 같은 남성의 영역에서 제외됐다. 반면 우리의 전통 영역인 가정과 가족, 아이 방은 감옥처럼 보였다.

   따라서 당시 페미니즘 추종자들에게 필요했던 것은 탈출이었다. 더 확장된 삶, 그러니까 독립과 모험과 일이 있는 삶 말이다.

   그러나 일이 있는 삶을 믿으려면 우리는 여성들이 언제나 일해왔다는 사실을 잊어야만 한다. 언제나 일을 할 수밖에 없었던 여성이 많다. 비혼 여성, 과부, 빈곤하고 혜택받지 못한 여성들은 늘 일을 했다. 페미니스트들이 일할 권리를 위해 싸우기로 했을 때 그들이 의미했던 일은 의사, 변호사 등이 될 권리였지만, 여성들은 언제나 화장실과 바닥을 닦았고, 간호사나 보조원이나 성판매 노동자로서 밤낮없이 다른 사람들의 몸을 만지면서 돈을 벌었다.

   노동자나 광부, 도살장 일꾼 등 빈곤한 남성들의 일을 하려고 여성들이 싸운 게 아니다. 여기서 일은 애초에 좋은 것, 자아실현의 수단이자 여성들이 놓치고 있는 무엇이라고 전제되었다. 몸과 마음을 파괴하고 어린 나이에 죽음을 맞는다거나 차라리 죽기를 바라는 그런 일이 아니었다.

역사를 살펴보면 어떤 여성들은 일의 영역에서 벗어날 수 있었다. 그것은 남성을 통해서였다. 적당한 환경의 적당한 남자를 만나면 영혼을 파괴하는 일의 영역에서 벗어나 상대적으로 더 편안한 가정으로 피신할 수 있었다. 가정이 감옥일지는 몰라도, 편두통을 일으킬 것 같은 형광등 아래서 다른 사람의 토와 오줌을 닦는 것이 자유라면, 다시 감옥으로 돌아가기를 청한다고 그 사람을 진정 탓할 수 있겠는가?

빈곤한 여성들만 일하지 않는 쪽을 선호했던 것은 물론 아니다. 선망받는 영역에서 일하는 고학력 여성들이 일하지 않는 쪽을 선택하기도 했다. 페미니스트들이 '이탈 행위'라 부르는 이들의 선택은 배신행위로 간주되곤 한다. 여성들은 일해야 한다! 자매들을 돕기 위해서 말이다! 그러나 일을 선택하면 가족이나 이웃공동체보다 직장에서 긴 시간을 보내야 함을 뜻한다. 이 불안정한 시대에는 일과 돈이 쉽사리 구해지지 않으므로, 몇시간이라도 노동시간을 줄인다는 것은 많은 이들에게 실직이나 구직 포기자로 돌아가는 것을 의미한다.

이는 페미니즘 연합전선 구축을 어렵게 하는 문제 중 하나다. 중간층 페미니스트는 보통 고학력 중산층 백인 여성일 것이기 때문이다. 고학력 중산층 백인 여성의 욕망과 욕구가 모든 여성의 욕구를 대변할 수는 없다. 그런데도 최근 페미니즘 역사의 대부분은 백인 여성의 꿈을 이루는 데 초점이 맞춰졌다. 우리의 목표는 동일 임금, 고학력 장벽 철폐, 피임이나 불임 치료처럼 백인 여성의 삶을 개선하는 것들이었다.

자본주의 사회와 직장은 꾸준히 적대적으로 변해왔다. 여성에게뿐 아니라 남성에게도 그랬다. 경쟁이 치열하고 불안정한 현 시스템에서 인간들이 어떻게 존재하는지를 외면하면서 취업시장 내 여성의 지위에만 주목하면 우리의 사고는 매우 제한된다. 고용시장에서 여성이 남성보다 얼마나 잘하고 있느냐고? 어마어마한 학자금 대출, 가파르게 추락한 직업 안정성, 앙상한 사회복지와 그 혜택, 탐욕스러운 CEO와 이사장, 세계화, 노동과 금융의 세계가 모두를 괴롭게 하는 이 시점에서 그게 정말 중요한 문제인가?

그렇지만, 뭐 어떤가, 자매들이여, 그대로 전진하라! 우린 어쨌든 싸워야만 하지 않나…!

우리는 언제나 독립을 위해 꾸준히 힘써야 한다고 들어왔다. 여성의 독립은 중요하다. 남성으로부터의 독립은 말할 것도 없다. 남성에게 의존하는 것이 예전만 같으면 얼마나 좋을까. 여성이 자유와 몸을 포기할 테니 남성이 외부세계로부터 여성을 보호하라는 것이 예전 계약의 내용이었다. 이 계약은 죽을 때까지 지속되었다.

그런데 오늘날 낭만적 사랑은 고용시장만큼이나 불안정하고 경쟁적이고 모멸감을 느끼게 한다. 부자 남편 몇명을 연속으로 잡아먹지 않는 이상 일생 남자로부터 안정과 보호를 얻기는 불가능할 것이다.

그러므로 대안을 만드는 게 중요하다. 그렇지만 왜 모든 걸 우리 스스로 하는 것만이 대안이란 말인가? 돈을 벌고, 가정을 꾸리고, 애를 낳아 기르고, 밥을 해먹고, 취향과 스타일을 만들고 유지하고, 여가를 어떻게 보낼지 결정하는 일 등을 일개 개인으로 죽을 때까지 계속해야만 하는 것. 자유라는 명목으로 우리는 공동체와 마을과 부족을 떠나 가족과 혈통을 만들어냈다. 자유라는 명목으로 우리는 가족과 혈통을 나와 핵가족을 만들었다. 자유라는 명목으로 우리는 핵가족을 나와 개인이 되었다. 그런데도 이 여정 중 한 번도 예전의 그 큰 집단들이 제공하던 지원체계에 상응하는 사회적 제도를 만들려고 진지하게 고민한 적이 없다.

사회제도 다수가 여성의 노골적인 억압을 위해 만들어졌다는 사실은 부정할 수 없다. 공동체는 행동을 제어하고 순응을 요구하는 제도 같아 보일 때가 많다. 가족 역시 많은 경우 여성을 순종적으로 길들이는 수단으로 보인다. 그렇지만 우리가 무리한 개혁을 위해 너무 열심이었던 것은 아닐까. 예전에 우리를 상처 입힌 적이 있다고 해서 얼마나 많이 우리를 도와주었는지를 생각할 틈도 없이 제도 전체를 던져버린 것이다.

이제 독립은 페미니스트의 미덕으로 칭송된다. 가족이나 남성 없이 제 발로 설 능력 말이다. 그리하여 우리는 이제 원하는 모든 자유와 독립을 쟁취했다. 파산할 자유, 사회적으로 고립될 자유, 아무런 사회지원망 없이 노숙자가 될 자유, 나아질 것 없는 일생 동안 노동할 자유 등을 얻었다. 얼마나 착한지 혹은 무엇을 누릴 만한 자격이 있는지에 따라 인생의 위치가 결정된다는 프로테스탄트식 경제

결정론 사고에 페미니즘이 감염된 이상, 우리는 새롭고 더 인정 넘치는 사회제도들을 만드는 대신 예전 사회제도들을 부수는 데 시간과 공을 들일 것이다.

그러므로 페미니즘이 마치 선물처럼 건네는 원자화된 자본주의 세계를 보고 이를 도로 가게로 가져가 좀더 구식 상품으로 교환할 수 있는지 물어보는 여성들이 많은 것도 당연하다. 모든 여성이여! 전통적인 삶의 안락한 테두리를 벗어나 투쟁과 절망, 불안정의 이 신세계로 들어오라! 닥치고 꺼지시죠. 고맙지만 사양하겠어요.

모든 여성 혹은 남성이 야망이 있는 게 아니다. 모든 여성이 세계에 자신의 흔적을 남기려고 애쓰지 않는다. 물론 모든 여성이 주당 80시간을 일했는데도 하버드 출신 어린 얼간이가 자신을 제치고 그렇게까지 좋지도 않지만 조금 더 월급이 높은 자리로 승진하는 것을 보면서 흡족해하지는 않는다. 모든 여성이 우리가 몸담은 세뇌적 소비문화에 참여하며 마음과 영혼에 난 구멍들을 탑샵^{Topshop, 영국의 다}^{국적 의류 소매 브랜드}의 신발과 한정판매 짧은 상의로 메우려고 하지 않는다. 여성에게는 이제 두 가지 선택만 남았다. 아이들과 시간을 보내며 지나치게 비싼 유기농 블루베리를 사는 동안 남성이 가정경제와 외부 일들을 처리하도록 책임을 전가하거나 필요하지도 않은 것들을 사면서 끝내 자기 한몸 쉴 만한 한 마지기의 공간을 얻느라 죽을 때까지 일하는 것. 결국 수지가 맞건 안 맞건 말이다. 이렇게 된 것은 페미니즘의 잘못이다.

따라서 '전통적'(이라 부르기로 하자) 여성들이 페미니스트들을 '가엾게 여기는' 건 피차일반이다. 우리는 동정을 자기방어기제로 이용한다. 우리는 누군가의 말이나 신념에 가치를 두지 않기 위해 그들을 가엾게 여긴다. 그러면 우리의 신념에 대한 그들의 트집에 귀 기울이지 않아도 된다.

그런데도 가치판단 없이 함께 앉아 이 여성들에게 우리가 주지 못하는 것이 무엇인지를 묻는다면, 실제로 무언가가 이뤄질지도 모른다. 개종시키려는 노력 따위는 멈춰야 한다. 대신에 우리는 우리 과업의 한계를 마주할 수 있을 것이고 우리 스스로가 생각하는 만큼 똑똑하지 않다는 사실이나 이 여성들의 불행이 우리 자신의 불행과 일치할 수도 있다는 사실을 깨달을 것이다.

오늘날 사회에 부족한 것이 무엇인지를 보면 상당 부분이 전통적인 여성의 가치나 추구에 해당한다는 사실을 알 수 있다. 일자리와 공공부문과 같은 남성의 영역에 자리를 만드는 일은 가정과 돌봄, 공동체라는 여성의 영역을 일부 버리는 것을 의미했다. 반면 여성의 영역에 남성의 자리를 만드는 동일한 노력은 없었다. 그 결과, 우리가 보는 것은 초^{超} 남성화된 세상, 여성들이 가부장적 가치에 참여하고, 페미니스트들조차 이러한 여성들의 참여를 기대하는 세상이 등극했다.

페미니즘은 이런 가부장적 가치에 의해 손상되었고 탐욕과 권력의 이름으로 왜곡되었다. 페미니즘은 가부장적 세계가 주는 모든 쾌락에 유혹당하고 그 세계를 부수는 데 들어갈 어마어마한 양의 노력에 압도되었다. 그래서 그저 편안한 삶을 위한 페미니즘의 목표에 적응하고 말았다.

가부장적 세계에서 성공하려고 우리는 가부장의 역할도 자임했다. 이 세상에서 승리를 거두기 위해 가부장적 세계가 높게 평가하는 특징을 수용하고 가부장적 세계가 낮게 치부하는 특징들을 버려야 했다.

이 문화에서 앞서 나가기 위해 우리는 남성들이 여성들에게 주목하는 미와 섹슈얼리티에 맞춰 자신을 가꾸었다. 성적 매력을 일생토록 유지해야 한다는 압박이 이렇게 셌던 적은 일찍이 없었을 뿐 아니라 페미니스트들마저 오랜 세월이 지나도 섹시하고 핫한 몸매를 유지하는 여성 스타들을 본받아야 한다며 그들을 칭송하기까지 한다.

우리는 전통과 의식, 가족과 세대를 넘나드는 관계나 공동체와 소속감에서 차단되었다. 우리는 이런 것들을 보전할 가치가 있는 무엇이 아니라 강제된 무임금 노동으로 간주했다. 우리가 그런 역할을 맡도록 강제된 것은 사실이지만, 이러한 일들이 가치가 있고 유지되어야 하는 것 또한 사실이다. 핵가족에서 누가 가사와 양육을 맡는가에 대한 언쟁을 넘어 다음과 같은 물음들로 나아가야 한다. 어딘가에 소속감을 느끼려면 어떻게 해야 하는가? 무언가를 받는 일만큼이나 주는 일을 가치있게 여기려면 어떻게 해야 하는가? 직장 외에 이 세계에 참여하고 기여하려면 어떻게 해야 하는가? 개인이나 핵가족 내 커플의 일원을 넘어 사회 속 우리의 위치를 어떻게 자리매김해야 하는가? 이것이 페미니즘 앞에 놓인 도전들이다.

페미니스트로서 우리의 임무는 새로운 사람의 영입이 아니어야 한다. 개종이 아니어야 한다. 우리 자신과는 다른 바람과 욕구를 가질지 모르는 여성들에게 귀 기울이는 일이 우리의 임무여야 한다. 부르카와 전통에서 구출해내야 한다는 생각으로 은근히 무슬림 여성들을 깔보는 듯 구는 서양 여성들의 태도가 그 좋은 예다. 구출과 보호가 남성적이고 가부장적인 개념이라는 것은 그렇다 치자. 우리의 개종 시도는 그 여성들이 자신의 존재에 의미있다고 여기는 것을 부정하고 우리의 독립, 성공, 섹슈얼리티에 대한 가치관을 받아들이라고 요구하는 일이다.

　우리의 가치관을 받아들이라고 여성들을 개종시키려 노력하면서도, 우리 자신이 잠시 멈추고 그 가치들이 실제로 우리를 행복하게 하는지, 이러한 삶의 방식이 우리가 할 수 있는 최선인지를 묻는 일은 거의 없는 듯하다. 의문을 제기한다고 해서 악을 쓰며 부엌에 처박혀 남성이 우리를 대신하여 결정하도록 종속의 굴레로 돌아가라는 뜻은 아니다. 그저 우리가 버린 것 중에 다시 되찾아야 할 것은 없는지, 잠시 한숨 돌리고 우리의 전략뿐 아니라 목표도 다시 생각해보자는 것이다.

　우리가 스스로 물어야 할 질문들이 있다. 그 질문들은 우리를 불편하게 할 것이다. 첫째, 페미니즘은 더 나은 세상을 만들었는가? 당신 개인만이 아니라 사회 모든 위치의 모든 여성과 남성을 위해? 다음, 전통적으로 남성적이라 여겨졌던 영역에 여성의 자리를 만든 만큼 전통적으로 여성의 영역이었던 곳에도 남성을 위한 자리가 마련되었는가? 그리고 마지막으로, 여성을 위한 더 나은 세계를 원한다면, 페미니즘의 현재 목표와 사상이 그러한 세계를 만들 가능성은 있는가?

3

무엇을 선택하든 당신은 페미니스트?

Every Option Is Equally Feminist

페미니즘이 '너무 멀리 갔던' 순간들을 형상화하는 정신적이자 신체적인 상징으로 젊은 페미니스트들이 가장 쉽게 떠올리는 인물은 안드레아 드워킨이다. 드워킨이 희생양이 되었다는 사실은 놀라운 일이 아니다. 페미니즘이 '섹시'할 수 있다고 독자들을 안심시키는 블로그나 책과는 반대로 드워킨은 비만에다 머리는 부스스하고 립글로스를 바른 흔적조차 없으니 말이다.

　너무 멀리 갈까 두려워하는 여성들에게 드워킨은 공포의 대상이다. 그 여성들은 자신의 외모와 태도, 행동에 대한 기준이 불공평하고 어처구니없다고 인정하는 순간 자신들이 정말로 그 기준들을 거부하게 될까봐 두려워한다. 거기부터는 구렁텅이로 미끄러지는 길이다. 헤어제품과 30불짜리 블러셔, 얼굴윤곽을 살리는 컨투어 브러쉬, 그리고 몇계단만 올라도 발목이 부러질까봐 신을 수도 없는 400불짜리 하이힐(행사 가는 택시 안에서 갈아 신으려고 가방에 챙겨둔)까지 다 버리게 될지도 모른다고 두려워한다. 또한 자기도 모르는 사이에 트레이닝복을 입고 슈퍼나 보도에서 낯선 이들한테 더는 머리를 안 감아도 되며 모발이 사실 자체 세정 능력을 지녀서 샴푸 쓰기를 그만두면 훨씬 더 건강해지니 그저 베이킹소다 약간이면 될 뿐이라고 말하는 자신을 발견할까봐 걱정한다. 이것이 그들의 급진적 선조를 거부하는 모든 페미니스트를 괴롭히는 공포다. 하지만 만약 우리가 통제 메커니즘을 이해하면, 우리를 초조하게 하고 옷 치수와 스타일을 끊임없이 걱정하게 하는 이런 헛소리를 간파하면, 또한 세상의 악에 기여하고 가난한 자를 억압하는 직업에 우리의 인생을 낭비한다는 사실을 파악하면, 제기랄, 실제로 우리는 그 순간부터 무언가를 해야만 하는 것이다. 물론 그런 소리는 우리 귀를 불편하게 할 뿐이지만 말이다.

불편함은 보편적 페미니스트 의제에 없다. 모든 여성에게 어필하려면 그럴 수가 없다. 보편적 페미니스트들은 당신이 옷을 입고 생각하고 행동하는 방식을 변화시킬 것을 요구하지 않는다. (사상이나 실제 사실보다) 의견이나 개인사에 초점을 맞춤으로써 젊은 페미니스트들은 페미니스트 공동의 지성사를 공부할 필요가 없다고 여긴다. 생활방식에만 초점을 맞춤으로써 현대 페미니즘은 그저 또 하나의 상품이 될 뿐이다.

보편적 페미니스트들은 당연히 드워킨과 그녀를 닮은 모든 여성을 페미니즘을 대변하는 인물에서 지우고 싶어한다. 외모만으로도 드워킨은 표적이 되기 쉬우며 상대적으로 당신 자신이 얼마나 무해한지를 드러내기에도 좋다. 그녀 대신 백인 중산층 여성을 대변하는 진부한 아이콘이자 CIA의 지원을 받은 글로리아 스타이넘^{Gloria Steinem*}이 20세기 후반 유일하게 알 가치가 있는 페미니스트가 되어버렸다. 여성들을 불편하게 하는 것은 드워킨의 외모만이 아

* 미국의 페미니스트 저널리스트이자 사회운동가. 『뉴욕』(*New York*)의 칼럼니스트였으며, 페미니즘 잡지 『미즈』(*Ms.*)의 창립자로 60~70년대 미국 여성운동의 대표 지도자로 활약했다. 2005년 스타이넘은 제인 폰다 등과 함께 여성을 미디어에서 두드러지고 강력한 존재로 만들기 위한 위민스 미디어 센터(Women's Media Center)를 공동으로 설립하기도 했다.

니다. 그녀의 글이야말로 무자비했다. 모든 필자나 지성인들과 마찬가지로 드워킨이 쓴 모든 글이 마력을 발휘하진 않았지만, 오늘날의 페미니스트들은 단순히 드워킨의 몇몇 극단적 사상에 동의하지 않는다는 이유로 그녀의 모든 것을 폐기한 것처럼 보인다. 미셸 푸코[Michel Foucault]는 에이즈가 실재하지 않는 사회구성물에 불과하다고 믿었지만, 그렇게 급진적이라고 해서 우리가 푸코의 모든 저작을 거부하거나 그를 게이들의 '너무 멀리 간' 예로 들지는 않는다.

드워킨과 매키넌, 케이트 밀레트[Kate Millet]*와 밸러리 솔라나스[Valerie Solanas]** 등이 페미니스트를 불편하게 했던 지점은 여성들에게 자신이 정확히 무엇에 동조하는지 치열하게 생각하라고 요구했던 부분이다. 바로 그거다. 동조는 한편으로는 그 제도를, 그 행위를, 그 삶의 방식을 눈감아준다는 의미다. 나아가 지지한다는 의미이기도 하다. 드워킨은 여성 자신이 관계, 일, 세상에서 일상적으로 존재하는 방식은 물론, 어떻게 억압과 핍박의 제도에 동조하는지 심사

* 대표작 『성의 정치학』을 통해 성을 둘러싼 권력관계와 여성을 남성에게 종속시키는 가부장제를 문학적 고찰을 통해 날카롭게 비판함.

** 1936-1988. 미국 태생의 도발적이고도 급진적인 페미니스트. 대표작 『SCUM 선언서』를 자비 출판함. 앤디 워홀 저격 사건으로도 유명함.

숙고하길 요구했다. 우리가 왜 우리 삶을 변화시킬 수 없는지, 우리가 왜 급진주의자가 될 수 없는지를 변명하는 말들은("난 학자금 대출이 있으니 이 직장이 필요해." "…그렇지만 난 그를 사랑하잖아." "어릴 때부터 집을 사고 엄마가 되고 결혼하는 것을 꿈꿔왔는데 갑자기 내 존재가 남성의 사적 소유일 뿐이라는 걸 알아버린다면 정말 실망스러울 거야." 등등) 드워킨의 관점으로는 허튼소리에 불과할 뿐이다.

드워킨의 저작 중 이런 내용을 다룬 가장 악명 높은 책은 남성과 여성의 성적 관계의 역학을 고찰한 『성교』Intercourse다. 이 책은 삽입을 성행위의 기본이라 강조하는 남성 중심성, 개인의 욕구가 문화에 의해 형성되는 방식, 불균형한 사회에서 동의가 얼마나 까다로운 문제인지 등을 다룬다. 사람들은 이 복잡한 ('강간 문화'에 대한 오늘날의 논의에 매우 시사적인) 저작을 보고 그 주장을 "모든 섹스는 강간이다"라고 요약해버렸다. 여성들 역시 이 비방에 동조했는데, 이 책이 여성들이 하기 싫어하는 까다로운 무언가를 요구했기 때문이다. 남성 파트너와 성적 혹은 낭만적 관계를 맺을 때 무엇에 동조하는지를 직시하라, 역학

관계를 생각하라, 당신 스스로의 자율성과, 당신의 개인적 선택이 어떻게 그러한 불균형에 기여하는지를 생각하라. 그런데 누가 그런 걸 하고 싶어하겠는가? 드워킨의 책을 터무니없다고 무시하는 편이 훨씬 간편하다. 그러면 책의 메시지에 귀 기울일 필요도 없기 때문이다. 여성이 자신의 종속에 능동적으로 참여하는 것이 아니라 외부의 구조나 제도 때문에 희생된다고 주장하는 『여성의 신비』*The Feminine Mystique* 같은 다른 주류 저작들이 훨씬 더 받아들이기 쉽다. 우리가 편리하기 때문에 약자이기를 선택한다고 생각하는 것보다 그저 절대적인 약자라고 생각하는 편이 더 쉬운 법이다.

예나 지금이나 여성이나 남성이나 세상은 급진적 페미니스트의 저작에 관대한 반응을 보이지 않는다. 페미니즘의 역사에서 급진주의자를 지우고자 하는 이런 움직임은 애석한 일이다. 급진적 페미니스트들의 문맥 안에서 그들의 저작을 읽고, 그 입장에 공감하며 그들의 눈을 통해 자신의 인생을 바라보기보다는 그들을 농담거리로 만들어버린다. 드워킨과 그 동류의 사람들은 도저히 미화시킬 수

---

* 미국의 페미니스트 베티 프리던(Betty Friedan)의 저서로, 2세대 여성주의를 촉발한 것으로 평가받음.

없고 우리 구미에 맞게 만들 수도 없는 존재라고 말이다.

그래서 다음과 같은 현상이 온라인에 나타난다.

페미니스트들은 남자를 증오하는 무리일 뿐이라 여기는 한 남자가 말한다. "남자들은 모두 강간범이라고 하던 드워킨 그 꼴통은 어때?"

여성 페미니스트들이 그 남자를 안심시키며 끼어든다. "우리도 걔 별로 안 좋아해."

진정한 변화에 따르는 불편함은 감수하지 않고 급진적 페미니스트를 물리치는 이러한 태도는 소위 '선택 페미니즘'choice feminism으로 이어졌다. 이것은 여성이 무엇을 선택하든, 생활방식에서부터 가족관계나 대중문화, 소비에 이르기까지 무언가를 그저 하는 행위만으로 페미니스트에 걸맞은 선택을 한다는 믿음이다. 과거 더욱 견고했던 가부장제 사회에서는 남성이 여성 대신 선택을 했다는 이유에서다. 그러므로 이들은 여성이 무엇이든 단순히 선택하는 일만으로도 가부장제에 항거하고 페미니스트처럼 행동한다고 주장한다.

이는 진정한 내적 변화가 결여된 보편적 페미니즘이 다 다르는 곳이다. 어떠한 여성이든 그저 페미니스트임을 자임하는 것만으로 페미니스트가 될 수 있는 것과 마찬가지로 어떠한 행위든 여성이 페미니스트라고 주장만 하면 페미니스트 행위가 될 수 있다. 논쟁도, 심사숙고도, 불편함도 필요없다.

우리는 모두 은연중에 어디에서 우리가 잘못하고 있는지, 어디에서 우리가 충분치 못한지, 어디에서 우리가 우리 자신과 나머지 사람들을 실망시키는지 알고 있다. 이 사실을 무시하고 그러한 사실이 없는 척 꾸미는 데 우리는 어마어마한 양의 육체적·정서적·정신적 에너지를 쏟는다. 결국 우리는 결점을 상기시키는 사람들을 몰아세우고 마는 것이다.

우리도 알아. 그 예쁜 상의는 안전수칙이 너무 허술한 나머지 순식간에 다 무너질지도 모르는 공장에서 어린이들이 만들었다는 걸… 아 진짜, 우리도 안다고! 좀 닥치라고! 그래서 어쩌라고, 그 옷이 갖고 싶다고. 우리도 알아… 우리도 안다고! 마트에서 싸게 파는 닭고기 구이를 사면서도 이 닭이 태어나 죽는 순간까지 고통만 겪었으며 이 닭을 키운 양계장 주인도 계약을 맺은 거대 식품회사들 때문에 빚에 허덕이며 가난하다는 사실을. 그래서 어쩌라고. 유기농 닭은 7달러나 더 비싼 데다 나는 회사에서 늦게 퇴근하는데 그 닭은 요리도 안 돼 있는 상태라고. 그리고 우리가 일하는 회사에서 대지를 오염시키고 가난한 이들에게 바가지를 씌우며 슈퍼리치들을 더 부유하게 만든다는 사실도 안다고. 어쩌라고. 나는 지금 사는 아파트가 좋고, 넷플릭스랑 훌루^{Netflix, Hulu는 둘 다 동영상 서비스업체}에 다 가입할 수 있고, 내 건강보험이 우울증 처방약 비용을 대주고, 산지 얼마 안 되는 화이트 노이즈 기계^{마음에 안정을 주는 소음을 발생시키는 기계} 덕분에 밤에 잠을 좀더 잘 잔다고.

그렇지 않다고 해도, 대체 어디서부터 시작해야 할까? 세상의 압도적인 절망에 포섭되지 않고 이에 대처할 수 있는 사람이 있기나 할까?

이 인지부조화에 대처하는 하나의 방법은 진정한 급진주의자들을 공격하는 것이다. 그들이 감춰진 사실에 눈을 뜨게 해줬으니 이 사실을 다시 잠잠하게 하려면 급진주의자들을 없애야만 한다. 그들을 유머라곤 없는 마녀, 미치광이라고 부르자. 그들의 저작을 읽지도 말고, 공개적인 비판을 가하자. 또한 급진주의자들의 삶을 조사해 불완전하거나 위선적인 부분을 찾아내고 그들의 일생이 담긴 저작에 흠집을 내자. 인간인 이상 모든 이에게 결점이 있다는 사실 따위는 인정하지 말자. 그들의 말에 귀를 닫고 변명거리만 된다면 뭐라도 찾아내 지금처럼 변하지 말고 살자.

진정한 급진주의자가 되는 길은 외롭고 고되지만, 급진주의자다운 일은 아무것도 안 하면서도 스스로를 급진주의자라고 생각하는 게 오늘날의 최신 유행이다. 포장지에 분홍 리본^{유방암 인식 제고 캠페인의 상징}이 그려진 토르티야 과자를 사면 암 치료에 도움이 된다고 생각한다거나 음악앨범을 사고 가죽잠바를 입으면 진정한 펑크족이 된다고 믿는다거나 자신을 페미니스트라고 부르기만 하면 페미니스트가 된다고 생각하는 것이 다 유행이다.

당신이 했던 그 선택들이 갑자기 그리 나빠 보이지 않는다. 페미니즘이라는 얇은 베일을 둘렀기 때문이다. 인지 부조화는 사라진다. 그 옷? 진정한 당신을 드러내는 개인적인 표현 수단이다. 그 상의를 입음으로써 당신은 개성을 드러내고, 이는 완전 페미니스트에 걸맞다. 그 치킨? 당신은 그저 몸에 영양을 공급하고 자신을 잘 돌볼 뿐이다. 몸에 대한 긍정이므로 백프로 페미니스트답다. 직장? 당신은 성공의 사다리를 오르고, 후배 여성들을 위해 유리천장을 부수고 자기역량을 강화하며 당신에게 주어져야 마땅한 월급 인상을 요구한다. 아마도 이것이 페미니스트에 가장 걸맞지 아니한가.

선택 페미니즘은 백인 페미니즘의 가장 큰 문제다. 우리는 좌절당하고 차별받고 낙심하거나 폭력과 고통에 마주해야 했던 경험들을 내세워 욕망을 채우는 일을 정당화한다. 우리가 그것을 왜 원하는지는 전혀 생각해보지도 않은 채 말이다.

백인 페미니즘의 상당 부분은 '의식화'라는 개념에서 구축되었다. 의식화 세미나는 여성들 자신도 깨닫지 못한 방식으로 이전에 맞닥뜨렸던 여성혐오와 갈등에 대해 생각해보고 이에 목소리를 내도록 마련된 장이었다. 내게 가능성이 없어서가 아니라 내가 '남성적' 목표를 좇던 여자였기 때문에 선생님이 나를 만류했었다는 사실을 번쩍하고 깨닫는 것이다. 그 과정에서 여성들이 자신의 개인적인 일이라고 생각했던 문제들은 보편적이거나 적어도 많은 사람이 공유하는 문제가 된다.

그러나 사람들이 과거와 다른 방식으로 미래를 볼 때 의식화는 더뎌진다. 당신 자신만이 아닌 모두를 위해 더 나은 미래를 만들려면 어떻게 해야 하는가? 그저 우리 자신을 닮은 특정 부류의 여성이 아닌, 인류 모두의 공동선을 위해 싸우려면 어떻게 해야 하는가?

내가 '백인 페미니즘'이라고 하는 이유는 주류 페미니즘의 목표 다수가 백인 중산층 여성에게 이롭기 때문이기도 하지만 백인 중산층 여성들이 페미니즘 운동의 가장 두드러진 대표들이 되었고 이들이 여전히 대표로 남아 있기 때문이다. 2세대 페미니즘이 경제적 평등을 위해 싸웠다고 흔히 이야기하지만, 소수민족 여성들이 다수인 저소득층에서는 경제적 불평등이 지속됐다. 2세대 페미니즘에서 우리가 잊곤 하는 급진적 부분도 그 운동의 일부분이었다.

2세대 페미니즘의 잠재적 목표로 깃발을 휘날렸던 사상 중 다수가 전체 운동에 견인되지 못했다. 어느 정도의 돈과 명성을 얻은 사람이라면, 모두에게 평등을 보장하는 제도에 헌신하느니 차라리 자기 자신의 욕구를 위해 싸우는 것이 개인적으로 훨씬 이익이 되기 때문이다. 일례로, 여성 대다수에게 이익이 되는데도 페미니스트 세계에서 말치레 외에는 별다른 지원을 받지 못하는 육아문제를 생각해보자. 일정 소득 수준이 되면, 모든 여성에게 도움이 될만한 제도에 기여하거나 세금을 내는 것보다 개인적으로 육아를 맡기는 편이 훨씬 쉽고 편리해진다. 당신의 아이가 좋지 못한 교육환경의 학교에 다닌다면, 전체 공동체의 사정을 개선하기 위한 움직임을 조직하는 것보다 사립이나 차터스쿨 _{대안학교의 성격을 띠는 미국의 학교로 사립과 공립의 중간 형태}에 보내는 편이 훨씬 더 편리하다. 이는 다른 사회복지 프로그램을 확대하는 것이나 보건소를 지원하는 일 등에도 적용된다. 페미니스트들의 노력 덕분에 여성이 자신의 일을 직접 처리하거나 돌보는 능력이 향상될수록, 그 여성이 시간과 돈과 노력을 들여 진정으로 싸워야 할 페미니즘의 목표들은 줄어든다. 그런 노력을 통해서도 별 이득을 취하지 못한 다른 여성들은 그녀의 소관이 아니며, 이것이 주류 페미니스트들이 그것이 무슨 결정이든 스스로 결정할 권리를 위해서만 싸우는 이유다.

이런 의식화 세미나들은 우리에게 사적인 것이 정치적

인 것이라는 사실을 알려주었다. 그러나 이 문구는 수년간 오해되었다. 오랜 시간 여성들은 이 말을 자신의 사적인 승리가 정치적 승리라는 뜻으로 받아들였다. 내가 고난 끝에 할리우드 스튜디오의 정상에 올랐다면, 그곳을 여성에게 더 친화적으로 만들거나 여성의 목소리를 담을 여지를 더 확보하기 위해 주장을 견지할 필요는 없었다. 그냥 내 존재만으로도 정치적 승리이기 때문이다. 그 문구가 어떤 식으로 다르게 사용되든, 개인적인 결정들도 정치적 파급효과를 낳는데 그 파급효과들을 점검하고 고려해야 한다는 점은 늘 간과된 것이다. 선택 페미니즘은 이러한 문제들과 선택이 가져오는 결과에 대한 논의를 일체 차단해버린다. 선택 자체가 페미니스트적이기 때문에 어떠한 비판도 성립되지 않는다. 그건 그녀의 개인적 선택이고, 그녀의 인생 여정이기 때문이다. 이러한 사고방식에서는 페미니스트를 비판하는 일도 억압의 한 형태가 된다.

이는 우리 대 그들이라는 그릇된 사고방식을 형성한다. 여기엔 가난하고 핍박받고 희생당하는 여성들인 우리가 있고 저기에는 우리를 누르려는 남성이 있다. 그런데 여성을 막는 장애물들은 이제 많이 사라졌다. 여성들은 이제 대학에 가고 전통적으로 남성의 영역으로 여겨졌던 곳에서 일하고, 공적으로 발언하고, 공직에 출마하며, 원하는 건 무엇이든 할 수 있게 되었다. 여성이 실제로 직면하는 장애물과 불평등은 이제 대부분 가난한 사람들에게 해당된다. 중산층 이상의 여성들은 권력과 평등을 돈으로 살 수 있다. 저렴한 낙태, 육아, 건강보험과 의료, 공공주택 등 저소득층 여성에게 가장 시급한 문제들은 페미니스트들의 관심사에서 멀어져버렸다. 이러한 문제들에 대한 견해는 있을지 모르나 실제로 그 문제들을 개선하기 위한 노력은 없다.

우리 대 그들이 문제가 아니라 각자도생하기 바쁜 여성들이 문제다. 진정 필요한 것은 우리보다 더 좋지 못한 환경에 있는 사람들이(또는 다른 나라나 다른 문화권에 사는 사람들이) 우리가 역량강화라고 떠받드는 것 때문에 억압받는다는 사실이다. 그러나 이 논의에 대한 거센 저항이 특히 온라인과 대학 캠퍼스에 존재한다. 최근 나이 어린 페미니스트들은 올바른 언어를 사용하지 않는다고, 시류에 맞지 않는 쟁점을 주장한다고, 단순히 다른 관점을 갖는다고 나이든 페미니스트 작가와 운동가들을 비방해왔다.

이것이 페미니스트 진영에서 견해차가 다뤄지는 방식이다. 반대되는 견해나 주장은 공격일 뿐이다. 이는 당신이 경험한 사실만이 유일한 진리이고 당신이 느낀 억압이나 트라우마를 의문시하거나 검토할 필요가 없다는 신념에서 나온다.

이러한 환경에서 당신의 선택이 다른 사람들에게 어떠한 영향을 주는지에 관한 실질적이고도 생산적인 대화를 나누는 일은 불가능하다.

페미니즘은 운동이고 운동이어야 한다. 가만히 있는 것에 대한 변명도 아니고, 그렇게 되어서도 안 된다. 그러나 당신이 따라야 하는 것이 오로지 당신 자신의 명령이라면, 순환논리의 오류에 빠질 뿐이다. 모든 것은 합리화될 수 있고, 모든 것은 어떤 식으로든 페미니즘에 걸맞게 된다.

원칙이나 철학적 세계에 따라 자신의 인생을 살며, 자신과 사회가 더 앞으로 나아가도록 애쓰지 않는다면 그러한 원칙이나 세계관의 목적이란 대체 무엇인가? 드워킨이 너무 멀리 나간 게 아니다. 우리가 충분히 멀리 나가지 못한 것뿐이다.

4

페미니즘이 결국 가부장제의 시녀가 된 이유

How Feminism Ended Up Doing Patriarchy's Work

여성이 가부장적 통제의 영향에서 벗어나는 방법은 돈을 통해서다. 돈을 충분히 벌면 가부장제의 가장 고질적인 함정에서 도망칠 수 있다. 누군가 당신의 이야기를 들어줄 것이고, 공적 영역에 당신의 자리가 마련될 것이며, 다른 많은 여성이 시달리는 가사 및 돌봄노동도 피할 수 있다. 돈을 주고 당신 대신 그런 노동, 즉 요리와 세탁과 육아를 해줄 사람을 고용하면 만사해결이다. 돈은 해로운 여러 억압에서 벗어나는 빠르고 쉬운 수단이다. 그리고 여성들은 갈수록 돈을 더 많이 벌고 있다.

가부장제를 돈으로 벗어나기. 이것이 우리 중 다수가 하기로 마음먹은 일이다. 대다수 여성에겐 부담이 되는 의료 서비스 이용부터 법적 불평등을 우회하도록 변호사를 고용하거나 체면을 차리는 데에까지, 여성은 돈을 이용해 대부분의 통제에서 벗어날 수 있다.

나의 모국인 미국의 모든 기관은, 사법제도부터 금융권, 부동산, 교육제도까지 가부장제의 산물이자 가부장제를 지원하는 수단이다. 결혼은 가부장제를 지원한다. 소비문화도 가부장제를 지원한다.

우리 교육제도는 교수와 부교수들을 착취하고 돈이 있는 사람에게 혜택을 준다. 돈이 얼마나 있는지에 따라 받을 수 있는 교육의 질이 달라지고, 돈이 없는 사람들은 수만 불이나 되는 빚의 굴레에 갇혀 더욱 빈곤해진다. 이것은 가부장적 통제의 한 형태다. 남성은 결혼해서 더 높은 임금과 더 나아진 건강을 누리는 반면, 여성은 더 낮은 임금과 더 많은 시간의 가사노동과 육아의 부담을 진다. 이것 역시 가부장적 통제의 한 형태다.

가부장제는 한 여성의 개인적 자유보다 더 중요한 문제다. 가부장제는 우리 대 그들이 아니다. 그것은 권력을 가진 자들이 다수를 통제와 억압으로 눌러 자신들의 지위를 유지하는 시스템이다. 여성혐오라는 낱말은 인종차별과 호모포비아[동성애혐오]나 공적 영역에서 만연한 빈곤층을 향한 명백한 공포와 증오를 지칭하기 위해 우리가 계속 만들어낼 용어처럼 가부장제의 논리가 확장된 결과다. 누군가를 이용하고, 누군가를 착취할 만한 자원으로 간주하려면 그들을 비인간화하는 편이 유용하다.

그렇다고 반드시 특정 시스템에 속한 여성들이 그 체제를 고안하고 유지하는 남성들보다 도덕적 관점에서 낫다는 결론이 성립하지는 않는다. 여성들은 이제 결백한 사람들을 감옥으로 보내는 판사이자 변호사이며, 빈곤층을 착취하고, 제도화된 인종차별을 지지한다. 여성들은 이제 가난한 이들을 희생하면서 초고액 자산가들에게 더 많은 돈을 보상해주는 정치인들이다.

월스트리트나 실리콘밸리처럼 한 산업이 정상궤도를 이탈할 때, 다음과 같은 말을 자주 듣는다. "그들에겐 그저 더 많은 여성이 필요하다고. 여성들에겐 상식과 공감하는 힘이 더 풍부하니까. 남성들의 클럽은 막 나갈 뿐이야." 그러나 이 말은 비논리적이다. 여기서 문제는 남성이 아니라 인간이다.

여성들을 권력에 접근 가능하도록 양육하는 오늘날, 우리가 마주하는 것은 더 평등한 세상이 아니라 그 안에 여성만 더 많아진, 이전과 같은 세상일 뿐이다.

페미니즘운동과 시민운동은 하나의 공동 목표를 견지해왔다. 서양 사회를 수세기 동안 조직했던 위계질서를 와해하는 것. 최상부에는 돈 많은 백인 남성 지주가 있었고, 그 밑에는 다른 모두가 있었다. 비록 시대에 따라 높고 낮음의 순서가 조금 달라지긴 했지만 말이다. 그러나 이 운동들은 위계질서를 파괴했고, 덕분에 모든 사람이 이론적으로는 공평한 경쟁의 장에 놓였다. 그 임무가 아직 모두 완수되지 않았음은 분명하나, 자신이 다른 모두를 지배한다는 믿음을 갖지 않도록 가르침을 받으며 자라는 백인 소년들의 세대가 늘어나고, 복종해야 한다는 믿음을 내버리도록 가르침을 받으며 자라는 다른 모든 이들의 세대가 늘어날수록, 더는 인종과 성별이라는 감별 표지가 사회 내 일정한 지위를 보장해주지 않을 것이다.

그렇다면 대체 여성들은 왜 아직도 권력 시스템 내에서

활동하는가? 그것은 우리가 젠더와 인종을 돈과 권력으로 대체했기 때문이다. 이제 당신은 사회 내의 일정한 지위를 돈으로 살 수 있으니 바른 유전자를 타고날 필요가 없다. 여성으로서도 시스템에 접근이 가능해진 지금, 힘이 있는 위치의 여성들이 불평등한 이 시스템을 와해하려고 노력할 가능성은 훨씬 적어졌다. 권력은 달콤하다. 자본주의도 달콤하다. 당신이 자본주의에 숨통이 막히는 상황이 아닌 한, 자본주의는 당신에게 온갖 것들을 선사한다.

분명 어떤 시대든 젠더와 인종의 위계가 본질적으로 비윤리적이고 불공정하다는 사실을 이해했던 남성도 많았다. 그러나 백인 남성들이 대규모로 일어나 그 위계질서를 파괴하고 모두에게 자유와 평등한 권리를 수여할 리는 절대 없었다. 그들에게는 그 질서가 너무 편했다. 그들 자신에게 당장은 권력이 없다 해도 적어도 미래에는 그 권력을 얻을 가능성이 있었기 때문이다. 권력은 눈을 멀게 한다.

이는 보편적 페미니즘이 언제나 주저앉을 수밖에 없는 이유이기도 하다. 자신의 이해를 도모하기 위해 생겨났고, 사회의식이 아니라 권력에 더 접근하기 쉽다는 이유로 수용된 페미니즘이란 필연적으로 권력과 억압이라는 이 시스템의 일부가 될 수밖에 없으며, 따라서 보편 인권을 향하는 수단으로는 무의미하기 때문이다. 여성들은 이제 현체제의 적극적인 참여자이며 또한 이로부터 혜택을 얻고 있다.

모든 여성이 단일한 대의명분을 위해 단결했던 날들은 지나갔다. 종속에서 벗어날 수 있는 당신의 능력은 나의 능력과 다르다. 이는 인종, 매력, 개인의 역사, 계급, 지역, 교육, 직업 등에 따라 달라진다. 모든 여성의 경험이나 욕망이 동일하다는 주장은 미친 소리이다. 그건 그렇게 간단한 문제가 아니기 때문이다.

여성 전체가 생물학적 이유로 차별을 당하고, 그 차별이 법전에 버젓이 반영됐을 때는 연대를 주장하는 게 말이 됐다. 그때는 보편적 욕구와 보편적 방해물들이 있었기에 우리가 함께 묶일 수 있었다.

그러나 오늘날 나의 종속은 당신의 종속과는 다르게 보일 것이다. 내가 직면한 장애물은 당신이 직면한 장애물과 다르다. 대부분의 보편적인 장애물은 제거되었기 때문이다. 우리는 또한 여성혐오라고 부르는 일부 장애물이 실제로 여성에 대한 차별이 아니라는 사실 또한 인정해야 한다. 우리는 여성이지만, 이제 우리 자신을 먼저 인간이라 생각하는 게 더 도움이 될 것이다.

이는 우리에게 왜 페미니즘이 여전히 필요하냐는 물음에 도달케 한다. 위계를 파괴하는 위업을 마치기 위해? 물론 그러하다. 또한, 출산과 낙태의 권리, 성폭력 등 여성의 자유를 가로막는 방해물들은 여전히 남아 있다. 자기만족에 빠져 싸움을 멈추면 안 된다. 우리의 삶과 미래 세대의 삶은 여전히 투쟁을 요구할 것이다.

그러나 우리가 동등함을 지향한다면—교육, 기업, 경제, 공직의 비율 등 모든 분야에서 평범한 여성들의 진출을 보면, 우리는 점점 동등해지고 있는데—과연 우리의 이데올로기를 생물학적 정체성에 근거하는 것이 타당한가? 각자의 욕구, 욕망, 장애물, 처한 환경이 이렇게나 다양한데 무엇이 우리를 통합한단 말인가? 또한 여성이 남성과 명백히 다르다고 주장함으로써 우리가 무엇을 잃는지, 그 신화가 우리에게 어떤 도움과 어떤 피해를 주는지를 잘 고려해야만 한다.

페미니즘이 여전히 유용한 사상일 수 있는 방식은 다음과 같다. 우리들 중 거의 모두가 젠더 때문에 주변화된 경험이 있다. 이 경험으로 인해 잘못된 것은 시스템 전체라는 사실을 깨달을 수 있었다. 즉 여성은 주변화되는 경험을 통해 현 시스템의 작동 원리와 검은 심장부를 볼 수 있는 관점과 힘을 획득할 수 있었다.

사회 전체의 변화에 많은 영향을 끼칠 수 있는 이러한 버전의 페미니즘은 현재 중요한 순간에 와 있다. 왜냐하면 내부에도 외부에도 우리 사람들이 있기 때문이다. 우리는 성벽에 있지만, 중심부에도 침투해 있다. 우리가 함께 연대하여 탐욕에 기반을 둔 이 사회, 빈곤과 폭력, 착취로 수많은 사람을 죽이는 이 사회 전체가 종식되어야 한다는 사실을 깨닫기만 한다면 우리는 성공할 수 있을 것이다.

불행하게도 많은 이들이 접근이 허락되지 않는다는 사실만이 이 시스템의 오류라 생각할 것이다. 참고로 "시스템"이라 할 때 내가 의미하는 것은 우리가 "가부장제" 혹은 "자본주의"라는 단어로 충분히 전달하지 못하는 복잡한 세계 전체다. 이 시스템은 일부는 포용하고 일부는 배제하도록, 일부는 혜택을 주고 일부는 착취하도록 조작돼 있기에

악하다. 자신이 그 안에 들어가기 위해 싸우는 행위로 당신은 시스템을 개선하는 게 아니라 그저 시스템 내부에서 혜택을 받는 이들의 반열에 오를 뿐이다. 당신 또한 배제하고 착취한다. 즉, 여성인 당신도 역시 가부장제다.

우리가 우리의 주변화를 기꺼이 받아들이면, 내부로의 접근이 허락된다고 가정할 때 우리가 어떤 종류의 세상에 참여하게 될지 잠시 멈추고 생각해보는 일이 가능하다. 왜냐하면, 일단 여성이 시스템에 완전히 받아들여진 이후에는(이날은 오고야 말 것이다), 또한 우리에게 힘이 행사되는 대신 우리가 힘을 행사하게 된 이후에는, 잠시 멈추고 성찰할 시간 같은 건 없어질 것이기 때문이다. 단순히 말해, 우리가 일단 남성들과 동등한 수준으로 시스템의 일원이 되어 혜택을 받게 된 후에는, 집단 차원에서 다음으로 다치게 될 대상이 누구인지 따위는 신경쓰지 않을 것이다. 그러나 우리는 그저 공간을 공유한다는 이유만으로도 모두에게 의무를 지닌다. 그리고 이 의무는 우리 자신의 소위 정당한 요구나 권리보다 앞선다.

우리는 여성들을 계속 잃고 있다. 더 많은 여성들이 시스템에 불복종하는 대신 참여한다. 내부에서부터 문화에 영향을 끼치는 것이 가장 강력한 효과를 낸다는 생각은 좋게 보면 순진하고 나쁘게 보면 솔직하지 못하다.

예를 들어, 시스템으로부터 약자를 보호하기 위해 일생을 바치겠다는 뚜렷한 목적으로써의 로스쿨 진학이 한 가지 대응 방식일 수는 있다. 복종하지 않겠다는 선택이다. 그러나 이러한 헌신적인 행동에는 요즘 페미니스트 문화에서 별로 권장되지 않는 급진화가 필요하다. 급진화를 위해서는 그 과정을 함께 해줄 멘토가 필요한 경우가 많은데, 오늘날 사람들이 경청할 만하고, 현재 논의되는 담론을 아우를 만한 내공의 현역 급진 페미니스트들은 소수에 불과하다.

어떤 분야든 여성이 그 분야의 '문화를 변화시킨다'는 관념은 속기 쉬운 거짓말이다. 여성들이 선한 의도를 품고 시스템 내부에 들어간다 하더라도, 선의는 시스템에 비하면 아무것도 아니다. 시스템은 당신보다 오래 살았다. 그 시스템은 아무리 원한다 한들 당신이 제거할 수 있다고 기대한 것보다 더 많은 독소를 흡수해왔다. 당신은 시스템을 지연시키지조차 못할 것이다.

　더욱이 당신은 내부로 들어가기 위해 시스템을 세운 가부장들의 특징을 보여야 할 것이다. 앞으로 나아가기 위해서는 그들의 태도를 모방하고, 그들의 가치를 받아들여야 할 것이다. 그들의 가치란 권력과 권력애愛, 권력의 과시다. 그리고 그때가 되면 당신은 이미 그들 문화의 일부가 되어 있을 것이다.

　시스템에 들어가고자 하는 자신의 진짜 이유를 인정하는 이들은 소수일 것이다. 시스템 내부는 좋다. 황홀한 기분이다. 여러 가지를 챙길 수도 있다. 사람들이 듣고 싶어 하는 말을 하면 사람들은 당신의 말을 경청할 것이다. 관심받는 것은 기분 좋은 일이다. 당신이 힘을 중시한다면 사람들은 힘을 줄 것이며, 그와 동시에 돈과 사치, 또한 모든 억압과 고통에서 탈출할 길도 함께 따라올 것이다. 하지만 여전히 밖에 남겨진 사람들은 당신의 머리에서 점차 사라질 것이다.

　그러한 지점에 도달하면, 당신은 변절자라기보다는 차라리 신봉자에 가까워질 것이다.

　또한 단언컨대, 당신이 돈보다는 자유를 선택하고, 연민과 정직, 신념의 가치에 따르는 삶을 살기로 작정한다면 사람들은 당신을 혐오할 것이다. 당신이 그러한 부분에서의 자신들의 결함을 상기시키기 때문이다.

시스템 밖의 삶은 외롭다. 그래도 우리는 이곳에 있어 줄 당신이 필요하다.

우리의 주변화가 우리에게 줄 수 있는 또다른 힘은 이미 밖에 있는 다른 이들에게 공감하고 그들과 연대할 수 있는 능력이다. 높은 사람들이 쓸모없다는 꼬리표를 단 모든 사람, 유색인종에서부터 종교적 소수자와 가난한 이들까지, 이들과의 연대가 가능하다.

그러나 연대가 없는 정도가 아니라 페미니즘 또한 지난날 극심한 인종주의, 동성애혐오, 외국인혐오를 비롯하여 공감이 부족해 생겨나는 문제에서 자유롭지 못하다는 점은 주류의 목표가 언제나 시스템 파괴보다는 참여였다는 사실을 나타낸다. 목표는 권력의 공유였지 강자와 약자라는 현 역학관계가 악하다는 사실의 폭로가 아니었다. 우리 눈에 시스템이 악해 보였던 유일한 이유는 우리가 들어갈 수 없었기 때문이다. 우리는 과거나 현재에도 다른 주변화된 이들을 우리와 동등하게 보지 않으며, 그들을 위계가 무너진 이후의 권력을 차지하기 위한 경쟁자로 여긴다.

주변화되는 경험으로 우리는 시스템이 어떻게 작동하는지 깨달았어야 했다. 다른 약자들, 보호받지 못하는 다른 사람들을 예민하게 포착했어야 했다. 그러나 그러는 대신 우리는 이기적으로 행동했다. 우리는 우리 자신의 전진과 권리에 집중했다. 자신의 동기나 성공에 따르는 결과에 대한 인식 없이 자신의 이해를 위해 싸워온 당신은 영웅이 될 수 없다. 당신은 그저 이기적이고 야망에 눈이 먼 다른 나쁜 놈들과 마찬가지일 뿐이다.

바로 지금, 여성들은 독특한 위치에 있다. 우리는 반쯤 들어와 있다. 우리는 강자와 약자 역학의 양쪽에 놓여 있다. 따라서 이 빌어먹을 시스템을 양쪽에서 당김으로써 찢어버리는 일은 쉬워야 마땅하다.

그러나 당연하게도 강자 편에서 열성적인 지원자를 찾긴 어려울 것이다. 약자 쪽에서도 쉽지는 않을 것이다. 약자의 위치란 획득을 위한 준비 상태일 때가 많다. 강자 쪽으로 갈아탈 기회가 어렴풋이 엿보인다면, 그 어렴풋한 빛이 비록 환상에 불과하더라도, 사람들은 자신을 억압하는 그 시스템을 유지하기 위해 싸울 것이다. 마침내 자신들이 다른 사람들을 억압할 기회를 얻을지도 모른다는 그 이유만으로.

5

자기역량 강화란
나르시시즘의 다른 말일 뿐이다

Self-Empowerment Is
Just Another Word for Narcissism

여성은 살덩어리, 섹스, 사유재산에 불과하다고 끊임없이 떠들어대는 문화의 압박을 견디기 위해 우리는 여성이 특별하다는 개념을 만들어냈다. 우리 여성들이 남성보다 본질적으로 더 연민을 느끼며, 더 애정이 깊으며, 더 진정성이 있다는 것이다. 이 생각은 그저 이 특정한 시공간에 거주한다는 이유로 끊임없이 시달리는 비하에 맞서도록 우리를 지탱해준다.

가끔은 우리 여성들이 연민을 특별히 더 잘 느끼기도 한다. 주변부에서 살아남기 위해서는 그래야만 하는 경우가 대부분이기 때문이다. 주변부 사람들은 서로 연합하고 보살펴줘야만 한다. 주변화되는 경험을 견디기 위해 연대와 상호 보살핌의 네트워크를 만들어야 하므로 일정한 특성과 특징을 발달시킬 수밖에 없다. 이런 특징들은 시련과 반대에 직면하며 발달한다. 우리는 또한 여성들을 억압하는 자들이 우리를 해치지 않고 죽이지 않도록, 그리고 우리와 함께 살아가도록 설득할 방법을 찾아야만 한다. 이는 우리를 꽤 영리하게 만든다.

그러나 이러한 특성들이 선천적이진 않다. 실제로 여자가 자연적으로 공감과 보살핌에 더 능하다는 사상은 남자에게서 생겨났다. 남자들은 이를 핑계로 여성이 집에서 아이를 키우도록 했으며 여성을 지적으로 무시했다. 똑똑해지려고 하지 마, 예쁜아, 그건 네 강점이 아니니까. 그런데도 우리는 이 믿음을 수용했다. 여성이 그렇다고 믿는 편이 우리 구미에도 잘 맞았기 때문이다. 그러고 나면 우리가 특별한 존재로 느껴지기도 했으니까.

그러나 정말 특별하다고 느껴야 하는 것은 여성을 둘러싼 이런 통념이 아니라 우리의 생존 방식이다. 공감과 보살핌의 능력이 선천적이라고 믿는다면, 우리에게 그 능력이 필요없어지면 그것을 잃게 될 것이다. 그리고 우리는 그런 거짓말을 핑계로 의문이나 생각을 피할 수도 있다. "아, 나는 여자니까, 당연히 사람 말을 더 잘 듣고, 감정을 더 섬세하게 읽을 뿐 아니라, 절대 다른 사람들이 다 그러는 것처럼 기회가 주어지자마자 원칙을 포기하고 자신의 이익을 위해서만 일하지 않을 게 분명해."

요즘 나는 이러한 심리를 그저 젠더가 같다는, 그 이유 하나만으로 여성 정치인들을 지지하는 여자들에게서 본다. 오랫동안 군사적 개입을 지지해온 정치인들인데도, 그들의 본질적 외교술을 논하며 그들이 전쟁에서 벗어나게 해주리라고 말하는 여자들을 본다. 오랫동안 사회복지제도를 삭감해왔던 정치인들인데도, 이 정치인들이 가난한 여성과 아이들을 잘 이해하고 그들에게 주의를 기울인다고 말하는 여자들을 본다. 금전 갈취와 부패의 오랜 역사를 지닌 정치인들인데도, 그들의 공정함과 경제정의에 대해 말하는 여자들을 본다. 만약 젠더가 달랐다면, 그 지지는 철회되었을 것이다. 모든 여성이 태생적으로 그렇다고 믿지 않는 한, 해당 여성 정치인들이 남성 정치인들보다 더 윤리적이고 연민을 더 잘 느낀다고 가정하는 일은 없었을 것이다.

우리는 우리 문화를 견뎌내고자 이 이야기를 자신에게 반복한다. 그러나 어떤 이야기들은 더는 도움이 되지 않는다. 도구가 아닌 무기로 변해버린다. 여성들이 본질적으로 더 친절하다는 관념 역시 바로 이런 방식으로 변형되었다.

성별에 따라 태생적 기질이 다르다는 믿음은 남성과 여성의 상황을 논의하는 언어에서 명백히 드러난다. 우리는 '유해한 남성성'이라는 용어를 사용하고, 테스토스테론^{남성호르몬}이 만들어내는 '문제들'이라는 이야기를 아무런 문제의식 없이 한다. 남성이 여성을 향해 에스트로젠^{여성호르몬}이 만들어내는 '문제들'이라 말했다면 우리가 격노했을 바로 그 방식으로 말이다. 이것은 우리 내부에도 존재하는 특정 기질들로부터 거리를 두고 싶을 때 사용하는 방식이다. 아무도 유해한 여성성이라는 얘기를 하지 않지만, 현대 문화 속 특정 여성들의 행동방식을 보면 유해한 여성성 역시 분명 존재한다. 그러나 우리는 유해한 남성성은 선천적이지만 여성들의 태도는 사회적으로 만들어졌다고 생각하기를 선호한다. 그게 편리하니까.

여성이 특별하다고 말하거나 특별하다고 믿는 일 역시 기본적으로 남성을 비인간화하는 일이다. 우리가 배려심이 깊다고 해서 특별하다면, 남성에겐 배려심이 없다는 소리가 된다. 우리가 연민을 잘 느끼고 잘 보살피기에 특별하다면, 남성은 정서적으로 죽어 있고 파괴적인 존재가 돼버린다. 그리고 이러한 기질들이 선천적이라면, 우리는 남성 젠더 전체를 무시해도 된다. 그리고 그렇게 함으로써 우리는 비판하는 게 아니라 단순히 있는 그대로를 묘사할 뿐이라고 우리를 정당화할 수 있다.

자신의 역량이 강화되었다고 느끼는 가장 쉬운 방법은 어떤 집단(젠더, 국적, 종교 등)의 일원으로서 정체성을 주장하는 것이다. 당신이 자신의 특징이라 동일시하는 부분은 그 집단의 칭찬할 만한 특징들이며, 이는 특정 젠더나 민족, 종교가 자신을 규정하는 방식에 기반을 둔다.

특정 집단의 정체성을 형성하는 가장 쉬운 방식은 '상대편'을 거부하거나 업신여기는 것이다. 무신론자들이 자신을 이성적이며 지적이라 내세우려면 신을 믿는 이들을 미신을 믿는 멍청이라고 주장해야만 한다. 이는 변함없이 합리적이고 지적으로 행동하는 일보다 당연히 훨씬 쉽고 효과적이다. 미국이 자국을 힘 있고 중요한 나라라고 생각하고 싶다면 유럽을 약하고 가치없다고 깎아내려야 한다. 여자들이 스스로 연민을 잘 느낀다고 생각하고 싶다면 남자들을 폭력적이라고 해야만 한다.

이는 일견 단순한 투사$^{projection, 投射}$다. 약점, 분노, 비합리성처럼 부끄럽거나 두려운 모든 측면을 당신이 아닌 다른 누군가에게 전가하면 쉽게 잊을 수 있다. 어떤 것과 강하게 동일시하면, 당신의 반대쪽은 희생양은 물론, 오물 처리장도 될 수 있다. 자신과 거리를 두고 싶은 것은 무엇이건 당신과 반대되는 이의 정체성에 넣어버리면 된다. "이쪽 집단은 ~하다(당신 자신 안에 있다고 차마 인정하고 싶지 않은 역겨운 점은 무엇이든 넣어라). 나는 이와 반대되는 집단에 속한 사람이니 이 집단 사람들과는 전혀 다르다."

이는 당신 자신과 당신이 염두에 둔 청자 모두를 설득하기 위한 것이다. 자아나 자신의 가치 인식에 간극이 있는 사람은 그 간극을 자신이 동일시하는 집단의식으로 메울 수 있다. 국가주의는 고난의 시기에 더 강화되곤 한다. 개인들은 실직이나 빈곤, 해고를 당하는 힘든 시기를 겪으며 자기 회의에 빠진다. 이럴 때 사람들은 갑자기 더 원대한 과업, 국가의 과업에 참여를 선언하며 자기회의를 지우거나 적어도 그 일부를 가린다. 그들의 위대한 나라에는 엄청난 역사가 있으므로 그들은 그 위대함에 참여하며 그것을 점유하고 그 빛나는 역사에 기여하도록 허용되는 것이다.

국가주의가 그 사상 자체로는 나쁘지 않듯이 거대 집단과 동일시하는 일 또한 그 자체로는 나쁘지 않다. 특히 멸시받고 무시받았던 집단이라면 더욱 그렇다. 함께하는 행위, "당신이 쓸데없다고 무시해버린 일들이 가치있다"고 말하는 일은 의미심장한 행위다.

페미니즘의 역사에서도 그랬다. 가부장제로부터 쓸데없다고 무시당했던 여성적 특징과 여성의 일을 되찾아오는 행위는 의미가 있었다. 아이를 양육하고 집안일을 하는 돌봄노동에서부터 퀼트나 뜨개질과 같은 전통적 수공예나 동화와 속담 같은 옛 이야기들까지, 이런 '여성적'인 것들은 가치있고 이 일들의 가치를 남성과 여성 모두가 아는 것이 중요하다. 남성은 이러한 전통적인 일들에 참여하도록 장려되어야 하지만, 그러려면 '여성적인' 것과 '여성'을 혼동하지 말아야 한다.

무언가를 되찾아오는 일은 어렵다. 당신이 속한 집단의 특징에서 가치를 찾는 일은 언제나 그 특징들의 어두운 면을 직시해야 한다는 뜻이다. 예를 들어, 미국을 위대한 나라라고 생각하는 일은 용인될 뿐 아니라 생산적인 일이기도 하다. 자국 시민들에게 허용하는 자유에서 미국이 육성하고 보상해준 문화적 공헌들까지, 위대한 특징들이 많다. 그러나 미국의 좋은 점들을 드러내다보면 파괴적인 면도 볼 수 있다. 미국의 국제적 개입으로 야기된 수없이 많은 이들의 죽음과 참혹한 불행, 집단학살과 노예제도의 역사 등. 미국의 파괴적인 힘을 알고 나서도 여전히 미국을 위대한 국가라 생각할 수도 있겠지만 일부 사람들은 인지부조화를 피하고자 그런 부분은 아예 외면하는 편을 선호한다.

다른 이의 가치를 업신여김으로써 자신의 가치를 찾는 쪽이 늘 더 쉽다. 자기 자신을 두고 "저건 아니지. 난 저렇지는 않아"라고 정의하는 일이 실제로 자기 자신의 특징들을 헤아리는 일보다 더 간편하다.

그것이 바로 남성이라는 젠더를 향한 아니면 말고 식의 증오가 섬뜩한 이유다. 이는 남성이 여성에게 수세기 동안 해온 일이다. 남자들은 자신이 약하다 느끼지 않으려고 약함을 우리에게 투사했고, 자신이 감정적이라고 느끼지 않으려고 자신의 감정을 우리에게 투사했다. 이제는 여자들이 어리석음을 전가하고자 할 때 그것을 남자들에게 투사한다. 자신이 파괴적이라 느끼고 싶지 않을 때, 여자들은 자신의 파괴적인 성질을 남성에게 투사한다.

이렇게 투사함으로써 우리는 남성의 인간성뿐 아니라 우리 자신의 인간성 전체를 조망하지 않으려고 한다. 우리 자신의 좋은 점만 인정한다면 우리는 온전한 인간이 아니다. 스펙트럼 전체의 밝은 색만 쓴다면 다양성이 남을 여지는 별로 없다.

지난 며칠 동안 여성 필자들이 온라인에 남긴 의견들을 간단히 살펴본 결과, 남자들은 지나치게 자신만만하며 공격적이고 대책 없으며 여성을 두려워하는 사이코패스들이자 파시스트들이고, 이 세상이 이렇게 엉망인 이유이자, 말 그대로 너무 어리석은, 이 세상의 골치 아픈 문제 그 자체였다.

물론 이 여성들이 진짜 얘기하고자 하는 것은 자신들이 지나치게 자신만만하지 않고, 공격적이지 않고, 대책 없지 않다는 말이다. 그냥 자기가 그렇지 않다고 말하기보다 남성들이 그렇다고 하는 게 더 쉬울 뿐이다. 당신이 별안간 자신이 얼마나 놀라운 사람인지 이야기하기 시작한다면 사람들은 당연히 이를 수상쩍게 여기고 당신이 그렇지 않다는 증거를 찾기 시작할 것이다. 그러나 이러한 부정적인 행동과 태도를 당신과 '반대되는' 집단의 특징이라 정의하는 행위는 간편하게 비판을 봉쇄하면서 "나는 절대로 저렇게 행동하거나 저 꼴이 되지는 않겠어"라고 말하는 것이다.

　보라, 과도하게 기고만장해진 남성의 기를 꺾는 일은 재미있을 뿐 아니라 심지어 공익사업처럼 느껴질지도 모른다. 남자들은 자신들이 대단하다고 생각하는 게 분명하다. 그렇지 않으면 그렇게 오랫동안 자신들만이 이 세상을 지배할 수 있다고 생각하지 않았을 것이다. 우리의 이러한 행동은 남성들이 자신의 실제 모습을 더 가깝게 들여다보게 한다. 그렇지만 우리가 진짜로 남성들보다 더 낫다면, 그냥 그들의 모든 나쁜 버릇을 받아들이지 않으면 그만이

다. 남성들의 가치를 업신여기지 않으면서도 우리는 우리 자신의 가치를 발견할 수 있다.

이러한 투사가 투사하는 쪽과 투사당하는 쪽 각 집단에 어떤 효과를 낳는지 살피는 일 역시 필요하다. 당신 자신을 "적어도 저렇진 않다"고 정의하기 위해 한 집단을 부정적인 특징으로 정의하는 것은 바로 그 원하지 않는 특징을 공고화하는 길이다.

세르비아인들이 보스니아인들을 괴물이라 하고 싶었을 때 이용했던 방법 하나는 그들의 무슬림 정체성을 강조하는 것이었다. 전쟁 전에 보스니아 무슬림들의 태도나 옷차림은 대부분 종교와 무관했다. 전쟁 후에는 여성의 베일과 같은 종교 관습이 증가했다. 이는 저항의 행위로, 무시당하는 특징, 이 경우에는 괴물시됐던 특징을 되찾아오는 것이었다. 사라져가던 전통들이 갑자기 중요하게 여겨졌다. '이것이 그들이 우리를 증오하는 이유라면, 그들이 증오하는 걸 기념해야겠군.'

투사하는 집단으로 말하자면, 투사를 시작하는 순간, 남에게 해를 끼치는 자신의 능력을 살피는 일에서 자유로워진다. 그들이 나쁜 놈이면 당신은 좋은 사람이고, 그들에 대항하는 모든 일은 더 큰 선을 위한 일이 된다. 그것이 정치적 담론에서 당신과 의견을 달리하는 사람은 즉시 히틀러가 되는 이유다. 당신이 히틀러에 대항해 어떤 말이나 행동을 하든지 상관없다. 그/그녀가 히틀러가 되는 순간, 당신은 즉시 좋은 사람이 된다. 그 사람을 몰락시키는 당신의 방식이 더럽다고 해도, 그 사람은 히틀러일 뿐이다. 목적은 수단을 정당화하며, 그 목적은 투사로 인해 정당화된다.

다른 누구보다 자신이 우월하다고 느낄 때, 우리는 자신의 자아와 가치를 강화하기 위해 그 사람의 인간성을 없애 버린다. 우리는 우리에게 부족한 점을 보상하는 데 필요한 것을 그들로부터 빼앗아온다. 우리는 그들의 자신감이나 그들의 확신을 그저 잉여로 치부한다. 우리에게도 그게 필요하므로 이를 빼앗기 위한 이유를 찾아낸다.

억압하는 이의 힘이 약해지기 시작할 때, 입장을 바꾸고 똑같은 행동을 취하기란 매우 쉽다. 우리를 억압하기 위해 그들은 우리를 비인간화해야 했다. 우리가 그들 밑에 있을 때 우리도 똑같이 그들을 비인간화했다. 어쨌든 괴물만이 인간을 그렇게 대할 수 있었을 테니까. 이것은 한 인간이 억압자로 변해가는 방식을 이해하는 것보다 쉽다. 그렇게 특별하다고 생각하는 우리 자신을 포함해 인간이라면 누구나 그런 변화의 과정을 거친다. 언제나 종국에는 그렇듯, 권력을 가진 쪽이 바뀌고 나서 우리가 그들에게 벌을 가하거나 복수를 할 때도 이 인간들을 계속 괴물로 생각하는 편이 더 쉽다. 괴물이라면 우리가 그들에게 어떤 말이나 행동을 하든, 그들을 어떻게 생각하든 상관없다. 우리 머릿속에서는 여전히 그들이 억압하는 자고 우리가 피해자다.

피해자 사고방식과 비인간화 관점이 섞이면 위험하다. 이제는 우리가 박해를 가하는데도, 박해받고 비인간화된 피해자는 우리 자신이라는 절대적 확신까지 있다. 이런 피해자 사고방식은 우리가 무엇을 하고 있는지 검토할 필요가 없도록 우리를 방어해준다. 그건 분명 우리를 위한 보호막이다. 우리의 괴물들이—자신들이 우리에게 무슨 짓을 하는지 숙고할 필요도 없도록—우리가 인간적이지 못하다고 몰아갔던 것과 매우 유사한 방식이다.

여기에는 복수의 냄새도 난다. 일정 시간 이상 억압을 받았던 집단이라면 누구나 복수의 환상을 품고 산다. 소셜 미디어 군중 재판에서도 그런 현상은 잘 드러난다.

이는 여성이 놓였던 상황에서 자연스레 나온 결과이다. 우리가 이런 감정들을 부인할 수도 있겠지만, 그 증거는 뚜렷하다. 승리에 취하는 것만으로는 부족하다. 다른 누군가가 패배를 맛봐야 한다. 모든 자유를 위한 싸움이 이런 식으로 탈선한다. 아일랜드인들은 민간인을 폭격하기 시작했고, 타흐리르 광장^{이집트 카이로에 위치한 민주화의 성지}의 시위대는 여성을 학대하고 강간하기 시작했으며, 콜롬비아 게릴라들은 자신들이 지원하기로 맹세한 빈농들을 공격했다.

그러나 우리는 이번에는 다를 거라고 말할 것이다. 어쨌든 우리는 여성이니까. 이것은 유해한 남성성의 문제다. 분노나 폭력성은 남성들의 문제이므로 우리는 우리 자신의 분노나 폭력성에 대해 생각할 필요가 없다.

그렇지만 거의 모든 자유를 위한 싸움에 여성도 참여했다. 민간인이 공격당하고 폭탄이 설치됐을 때 여자들도 거기 있었다. 그 여성들이 목소리를 높일 만큼의 힘이 없었다거나 남성 동료들에게 세뇌당했다고 주장한다면 모두가

지니기 마련인 어둠이 나와는 상관없다고 하는 것이다. 그리고 어둠이 나와 상관없다고 하는 것은 그 어둠을 다스릴 힘을 포기하는 일이다.

고통받았다는 이유로 연민과 배려를 거두는 경향이 있다. 고통받았고 억압받았으므로 우리는 이제 이기적일 권리가 있으며 너무 많은 일을 겪었으므로 우리 자신의 상황을 개선하는 데 집중할 권리가 있다는 것이다.

내가 몸담은 출판 분야 노동자의 대다수는 백인 여성이다. 출판업 종사자는 여성이 남성보다 많다. 여성들이 중역이고 편집인이고 홍보인이고 인턴이다. 문학상위원회, 문학잡지, 서점, 신문의 책 지면에도 여성이 많다. 최고위직은 남성이 불균형적으로 많지만, 여성 노동자들이 이 분야 종사자의 대다수를 차지한다.

그러므로 지난 몇년간 여성들의 책을 출판하고 지원하는 일에 많은 발전이 있었다. 여성 작가들의 책이 출간되는 비율이 증가했고, 문학상을 받고 지원금이나 보조금을 받는 여성들의 수도 늘어났다. 문학 분야 내 성차별과 여성의 접근성에 대한 진지하고도 잘 기록된 논의가 있으며, 거의 모든 수준에서 불균형을 해소하려는 실질적인 행동이 취해졌다.

여기서 위에 내가 말한 '여성'은 물론 '백인 여성'이다. 당연히 중산층 이상의 고등교육을 받은 백인 여성을 말한다.

문학 권력에 유색인종 작가들이 접근 가능한가에 대한 논의는 덜 주목받고 덜 우세한 담론이다. LGBTQ^{Lesbian, Gay,} ^{Bisexual, Transgender, Questioning/Queer의 약자로 성소수자를 아우르는 용어}, 장애인, 경제적 약자들의 접근성에 대한 논의는 여기에 미치지도 못한다.

즉, 특정 계층의 여성들은 문학 권력 내부로 들어갈 수 있었다. 그곳에서 그들은 자신들과 비슷한 사람들이 들어오기 용이하도록 변화를 일으켰다. 그곳에서 여성들은 유색인종 작가나 빈곤층 작가들 같은 침입자들로부터 자신들의 권력을 방어했다. 그들은 자신의 이익, 혹은 자신과 매우 닮은 사람들의 이익을 위해 싸우며, 자신들이 맞닥뜨렸던 불평등을 이유로 이런 행동을 정당화했다.

(이러한 접근이 허락된 여성들이 권력을 독점하던 남성

들과 계층, 인종, 교육 수준, 물리적 위치 등에서 매우 유사하다는 점을 지적할 수 있다. 그들끼리 동일한 의견과 가치관을 공유하는 경우도 매우 빈번하다. 어떤 면에서 이는 포용의 승리라기보다는 배제 조건을 약간 재정의한 것에 더 가까울지도 모른다.)

여성이 출판계의 반 이상을 차지하는 지금, 여자들이 모든 집단이 동등하게 접근할 수 있도록 열린 환경을 만들 것이라 생각할 수도 있다. 그러나 그런 일은 아직 일어나지 않았다. 출판계가 여전히 왜 이렇게 배타적인지 물음이 제기되었을 때, 이를 설명하기 위해 '가부장제'를 가리키는 미약한 손짓들이 있었다. 그러나 이미 권력을 차지했는데도 불구하고, 여성들은 권력이 부족하다는 데에 논의의 초점을 맞춰왔다.

차지하지 못한 권력에 대해 불평하는 게 가진 권력을 어떻게 휘두르는지 성찰하는 일보다 더 쉽다. 남성 지배적이었던 시기의 출판계의 배타적 제도와 불평등을 단순히 재현함으로써 여성은—이제 일부 여성이 바깥이 아니라 안에 있다는 정도의 차이만 있을 뿐—산업 전반을 더 공정하게 만들지는 못했다. 그리고 그 일부 여성들은 제도를 만든 사람들을 탓할 수 있으므로, 자신들 역시 배타성과 불공정함을 유지하는 데 기여하면서도 자신의 행동에는 의문을 제기하지 않는다.

여성도 인간이기에, 인간처럼, 즉 배타적으로 일하고 활동한다. 그러나 정체성을 강조하는 현대 사회에서 자신의 제1정체성을 여성, 제2정체성을 인간으로 정하는 것과 더불어 이 배타성은 견고해진다. 연대는 모든 여성이 아니라 당신과 가까운 여성, 상대를 바라봤을 때 자신의 모습이 보이는 다른 여성에게나 해당하는 일이다.

자신의 투쟁에서 이득을 바라는 건 자연스럽다. 당신은 부족과 결핍, 차별과 굴욕의 고통을 겪어왔다. 당신은 다른 쪽으로 넘어와, 마침내 자기 자신의 공간을 만들려고 한다. 이제 그 대가를 원한다. 우리는 아직 가지지 못한 힘에 계속 초점을 맞추고 모든 불공정함을 남의 탓으로 돌리는 게 더 편하다. 그럼으로써 우리는 새로 얻은 지위의 혜택을 누리면서도 현재 남성들에게 요구되는 것처럼 그것을 해명할 필요는 없게 되니까.

우리는 수십년간, 수세기 동안 남성들이 지위의 혜택을 누리는 것을 보았다. 우리는 남성들이 입구를 막아온 것과, 여성은 이런 걸 좋아하지도 않으리라고 믿도록 교묘하게 조종해온 사실도 알아차렸다. '진짜 지루해, 너는 안 좋아할 거라니까. 무한 반복의 잡일들이야.' 그러면서 우리는 남성들이 금전뿐 아니라 정서적으로도 지위의 혜택을 누리는 걸 보았다. 우리가 같은 걸 원하는 게 무리도 아니다. 남자들이 우리의 본보기다. 우리가 여태 봐온 방식이라곤 가부장제의 방식뿐이다.

학식있는 남성들이 학식있는 여성들을 종속적 지위에 묶어두었던 주요 방법은 남성들의 글을 가치있게 평가하는 것이었다. 그들은 남성의 글쓰기에 나타나는 특징들을 높이 샀고, 그것이 가장 좋은 방식이라 주장했으며, 여성이 제도 내에서 존경받거나 인정받을 가능성을 포기하도록, 또는 자신들의 방식을 모방하도록 강요했다. 남성들은 취향은 객관적이라고 주장했다. 그들은 자신들의 취향이 자신의 정치나 역사적 위치는 물론, 자기 자신에 대해 무엇을 나타내는지 의문을 제기하지 않았다. 그러면서도 그들은 자신들이 옳다고 여성 대다수를 설득했다.

이제 학식있는 여성들이 똑같은 일을 하는 중이다. 그들은 여성들의 글쓰기를 가치있게 여기고, 그러한 글쓰기를 위한 지배적인 영역을 만들고 있다. 즉, 그들은 가치관이나 처한 배경이 다른 작가들을 희생시키며 자신들의 글쓰기의 가치가 인정받는 영역을 만들고 있는 것이다.

그러나 잠깐, 우리가 지배할 시간은 없다. 우리는 남성들에게 가능했던 방식대로 돈과 명예와 만족감을 누리며 모든 걸 우리 마음대로 할 수 없다. 왜냐하면, 진입이 금지되었던 게 우리만이 아니라 엄청난 수의 사람들 전체이기 때문이다. 그리고 맙소사, 그들도 우리를 따라 들어오면서 자신들의 진입을 요구한다. 우리가 제대로 조종 장치를 손에 쥐기도 전에 말이다. 우리가 그들을 조금만 늦출 수 있다면, 그들에게 우리가 잠시만 지배권을 갖겠노라 설득할 수만 있다면, 그 후에는 완전히 그들의 차례가 될 텐데……

이처럼 우리가 동등한 권력을 가지면 모두를 위한 포용 정책에 힘쓰겠다고 말하기 쉬운 까닭은 그것이 우리 생애에 일어나지 않을 일이기 때문이다. 그러나 만약 우리가 지금 가진 힘을 우리 자신만이 아니라 모두를 위해 쓴다면, 우리가 원하던 식의 보상은 받지 못할 것이고 여태 남성들이 살아온 방식대로 살 수도 없을 것이다.

당신과 닮은 사람들하고만 동일시하는 이러한 삶은 공감의 실패를 의미한다. 그것은 당신 자신의 이익만을 위해 일하는 것만큼이나 자기도취적이다.

자신의 변화와 역량 강화에 초점을 맞추는 욕망은 세상을 변화시킬 능력이 없다는 사실을 감지한 무기력함의 증상이다. (자신의 변화와 세상의 변화, 이 둘을 헷갈리기 쉽다. 당신이 괜찮다면 세상 모두가 괜찮다고 생각하는 것처럼 말이다.)

이러한 절망은 극한 피로감 때문이다. 우리는 사회를 바꾸려고, 세상을 바꾸려고, 시스템 안에 여성들의 자리를 만들려고 열심히 노력했다. 실현할 수 없는 일이었으므로 당연히 완전히 이루어지지 않았다. 시스템은 우리를 배제하기 위해 만들어졌다. 이제는 우리가 무엇을 가졌는지에 초점을 맞추는 일보다 우리 자신과 우리가 가지지 못한 것에 초점을 맞추는 편이 더 쉽다. 또한 우리에게 다른 길이 있다고 깨닫기보다 우리 계획이 좌절되었다는 것에 초점을 맞추는 쪽이 더 편리하다. 낙담하면 주의가 산만해지기 쉽다. 우리가 원하는 걸 얻을 능력이 없다고 가정하는 것—잘못된 것을 원하는 게 아니라—이야말로 그런 낙담이다. 원하는 걸 못 얻는 게 억압은 아니다. 마찬가지로, 당신이 가부장제 시스템 내에서 잘 살아간다고 해서 그게 정치적 승리는 아니다.

자기역량 강화가 비인간화와 배제, 자기도취로 연결되는 이유 중 하나는 우리가 아직 가부장적 가치와 가부장제에서 정의하는 성공과 행복, 인생의 의미에 따라 행동하기 때문이다.

현대 페미니즘은 힘^{power}이라는 말을 많이 사용한다. 여자애^{girl}에겐 "힘이 주어져야 하고", 여자 어른은 "자기역량 강화"를 위해 싸워야 한다, "걸 파워" 등등. 이 힘이 어디에 쓰일지에 대한 이야기는 별로 없는데, 아마도 여자가 원하는 무엇에든 쓰여야 한다는 자명한 가정 때문일 것이다.

그러나 성공을 돈으로 매기고, 소비주의와 경쟁의 가치

를 높게 여기는 반면 연민과 공동체의 가치를 낮게 평가하는 시스템에서 자란 여자들은 애고 어른이고 이미 무엇을 원해야 하는지 주입당했다. 면밀한 검토가 없다면, 또한 다른 사고방식과 행동을 취하지 않으면, 여자는 바로 돈과 힘, 뿐만 아니라 어쩌면 자신의 종속마저 계속되기를 원할지도 모른다. 기존 제도에 대안을 제공하지 않는 페미니즘이란 그 제도의 가치를 그대로 이어가기 때문이다.

수세기 동안, 가부장제는 당신의 의지에 다른 이가 복종하는 것을 행복으로 정의해왔다. 누군가에게 당신의 오물을 다 떠맡겨 그 오물의 존재조차 알 필요가 없도록 했다.

우리에게 새로운 삶과 새로운 형태의 공동체를 만들 힘이 없는 게 아니다. 그런 것들을 만들면, 가부장제 내에서 힘을 가짐으로써 누렸던 혜택을 받지 못할 뿐이다. 그리고 세상은 우리에게 돈이 많으면, 주목을 받으면, 핵가족에 지원을 아끼지 않는 배우자를 만나면 행복할 것이라고, 그런 것들을 원해야 한다고 가르쳤다. 그러나 자기역량을 강화함으로써 우리가 실제로 좋은 일을 하려면 우리 자신의 욕망과 행복의 의미를 의문시하는 태도가 선행되어야 한다. 그렇지 않으면 우리는 그저 한 집단은 강해지고 다른 집단은 약해진 세상에 계속 살게 될 뿐이다.

우리에겐 좋은 일을 할 힘이 있다. 그러나 우리가 '좋은 것'을 '내게 좋은 것'이라 정의하는 한, 그리 대단한 결과를 얻지 못할 것이다. 이러한 사고방식에서는 모두가 환영받는 자유로운 세상을 만드는 것보다 내가 환영받는 자유로운 세상을 만드는 게 더 중요한 목표다.

새로운 존재 방식을 찾는다는 것은 우리가 동조함으로써 받기로 약속되었던 보상들을 거부한다는 뜻이다.

가부장제 구조 안에서 여성은 자신의 자유를 제한받는다. 그 구조를 넘어선다는 것은 그 구조가 동조자에게 나눠주는 보상을 포기한다는 뜻이다. 그러나 그 보상을 포기함으로써 당신은 주체성을 쟁취할 것이다.

6

우리가 선택한 싸움

The Fights We Choose

페미니즘, 특히 인터넷 페미니즘의 표적은 여성혐오라는 개별 행위이다. 의문시되는 행동이 있을 때, 남성과 여성은 모두 평가 대상이 되고 (처벌받지 않았다고 생각되면) 처벌도 가해지는데, 주로 해당 남성이나 여성의 해고를 이끄는 조직적 시도의 형태로 이루어진다.

지난 몇년간 지켜본 결과, 이런 과정은 강간이나 성희롱 혐의가 제기된 사람들이나, 임금 불평등의 악명 높은 사례들, 정치가나 작가를 비롯한 힘 있는 남성들의 여성혐오 발언들과, '상호교차성'intersectional, 개인의 사회적 정체성은 젠더, 인종, 계급 등이 상호교차적으로 작용한 결과라는 주장이라는 상대적으로 새로운 용어를 몰랐던 2세대 페미니스트들, 또한 페미니스트 감수성에 미달이었던 특정 온라인 비평가들의 글이나, 불편한 농담을 했던 나이 많은 남성, 혹은 기자 간담회에 부적절한 티셔츠를 입고 등장한 로켓 과학자에 이르기까지 다양하게 나타났다.

욕이 난무하고, 시위가 조직되고, 해시태그가 유통된다. 결과는 일반적으로 같다. 해당 인물이 대중에게 인기 없는 입장을 더 끈질기게 고수하거나, 아니면 관련 기관이 공개적인 망신이나 보이콧을 피하고자 혐의를 입은 사람을 쫓아내고 다른 사람으로 대체한다.

'분노문화'에 대한 글은 이미 많다. 그중에서도 주로 표적이 될 만한 사람들이 쓴 글이 많다. 그들은 우리가 모든 걸 받아주는 문화에 살고 있고, 여성들이 유머감각을 잃었으며, 여성혐오적 행동에 대한 반발이 애초의 행위에 비해 지나치게 과하다고 주장한다. 그들은 이를 "정치적 올바름의 광란"이라 말한다.

나는 이런 것에 별로 신경쓰지 않는다. 한 남자가 부당하게 해고됐든, 한 여자가 몇주간이나 이상한 메일을 받을 만했든 말이다. 크게 보면, 누군가 제대로 생각하지도 않고 무의식적으로 한 행동이나 표현으로 인해 지나친 결과를 맞는 일은 가부장제 사회 공적인 영역에서 여성이 살아가기 위해 매일 부딪혀야 하는 일들과는 비교도 되지 않는다.

그러나 나의 이런 무관심한 태도도 문제다. 노벨상을 받은 팀 헌트$^{Tim Hunt}$라는 과학자의 사례를 보자.* 그가 대학에서 해고된 이유가 그의 적절치 못한 농담을 온라인에 누군가 앞뒤 맥락 없이 올렸기 때문이라는 걸 들었을 때 나는 별로 신경쓰지 않았다. 팀 헌트가 나이 많은 백인 남성이므로 그 농담 하나가 직장을 앗아갈 만한 일은 아니었을지는 몰라도 해고를 당할 만한 다른 성차별적인 행동을 했으리라고 생각했다. 나는 이 사건에 "여성이 남성보다 지적으로 열등하다고 믿으며 살아온 늙은 멍청이가 또 하나 있네. 제 믿음에 발등 찍힌 거지"라는 식으로 반응했던 거 같다. 멍청한 남자 하나가 멍청한 남자답게 행동하다가 역풍을 맞고 있다고. 남성 과학자와 평론가 다수가 즉시 주먹

---

* 2015년 6월, 한국여성기술과학단체총연합회가 한국에서 주최한 세계과학기자대회의 오찬 강연자로 나선 팀 헌트가 여성차별적 발언을 했다는 이유로 소속 대학에 사직서를 내도록 종용받은 사건. 하지만 이 사건을 처음 트위터에 올린 코니 세인트루이스(Connie St Louis) 교수의 저서나 수상경력 등이 모두 가짜로 밝혀지면서 그 폭로의 신뢰성이 떨어지자 사건의 진위에 대해 옹호자 측과 반대 측 사이에 논란이 일었음.

질을 해대며 '군중 재판'이니 '정치적 올바름의 광란'이니 운운하는 것을 보고 헌트가 해고됐다는 사실이 별로 중요하지 않다는 내 입장은 더 확고해졌다.

그러다 마침내 신경을 쓰지 않겠다는 내 입장이, 특히 그 농담의 맥락을 읽고 나서는 바뀌기 시작했다. (헌트가 연설에서 한 얘기는 여자들이 언제나 남자와 사랑에 빠지고 산만해지기 때문에 남자와 같은 연구실을 쓰도록 허용하지 말아야 한다는 내용이었다. 여기서 빠진 중요한 정보는 그가 당시 옆에 있던 부인을 그렇게 만났다는 것이다.) 사교적이지 못한 한 남자가 "제 아내 좀 데려가주세요 제발!" 운운하는 농담을 과학계 행사에서 했고, 이 말을 듣고 불쾌해진 한 사람 때문에 갑자기 헌트는 외톨이가 되어버린 것이다. 영국왕립학회^{Royal Society}는 즉시 그와 거리를 두었고, 그는 불과 며칠 내에 해고되었다.

나중에야 청중 중에 맹렬히 비난할 태세로 벼르던 사람이 있었다는 사실이 드러났다. 누군가를 쓰러뜨리기를 원할 뿐 아니라 뒤집어엎을 준비가 되어 있는 사람이었다. 한편으로는 이해 가능한 일이다. 과학계 여성들은 엄청난 여성혐오를 경험해왔다. 이 분야에서 뛰어난 업적을 보인 여성이라면 학교에서 무의식적으로 자신을 낙담시키는 일들에서부터 떠들썩한 남자들이 판을 치는 연구실 분위기, 제대로 된 멘토의 부족과 구직이나 승진 때 받는 노골적인 차별까지, 갖가지 일을 겪었을 게 틀림없다. 그런 사람이 경력을 쌓는 동안, 정당하다고 할 만한 분노도 함께 쌓였을 것이다.

그러나 팀 헌트에게 공격을 시작한 그 청중만이 벼르고 있던 유일한 사람은 아니었다. 상황을 검토하지도 않고 헌트에 대한 지원을 중단한 기관들을 생각해보라. 그들은 이런 식의 시위가 얼마나 빠르게 공고해지며 '분노에 찬' 페미니스트들이 미묘한 대화를 얼마나 달가워하지 않는지를 이미 과거에도 겪었을 게 분명하다. 재차 말하지만, 그가 재직했던 대학이 적절치 못한 농담 하나 때문에 주저없이 헌트를 해고했던 이유는 과거 캠퍼스 시위가 통제 불가능해지는 것을 보았기에 이번 일을 싹부터 자르고 싶었기 때문이다. 헌트에 대한 최초의 공격을 리트윗하거나 그를 자르라고 즉각 요구했던 모든 여성은, 하나같이 벼르고 있었으며 그 사람이 나쁜 행동을 했다고 믿는 일에 주저함이 없었다. 단순히 표적이 된 이가 과학계의 나이든 백인 이

성애자 남성이라는 이유만으로, 혹은 그저 남자라는 이유
만으로 말이다. 그들은 그의 유죄를 확신했으며 (그를 쓰
러뜨릴 준비도 이미 다 되어 있었다) 헌트를 처음 공격한
사람이 주장한 말을 실제로 헌트가 했는지 확인해보지도
않았다.

페미니스트 시위자들의 행동을 '군중 재판'이라는 사려
깊지 못한 문구로 묘사한 헌트의 동료들 역시 맹렬히 비난
할 기회만 기다리고 있었다. 그중 많은 이들은 무방비 상
태에서 누군가 자신을 핸드폰으로 녹화한다면 헌트와 비
슷한 처지에 빠질 수 있다는 사실을 알았을 것이다.

복수는 공식적으로 페미니스트 정책의 일부로 자리잡
았다. 적절치 못한 농담 한마디 때문에 해고당하고 평생의
업적을 무시당한 남자에 대해 무관심할 수 있다. 나쁜 아
니라 여성과 페미니스트 운동가 다수도 그랬을 수 있다.
그렇기에 페미니스트 공동체 내에서 이 일에 대한 역공이
이렇게 적었을 것이다. 하지만 여기엔 부정적인 면이 있
다. 우리가 이 파괴적인 역학에 더 오래 갇혀 있을수록 건
설적인 일에 쓰일 우리 에너지는 더 고갈된다는 사실이다.
우리는 이런 개별 복수행위를 통해 무언가 생산적인 일을

한다고 생각한다. 그 와중에 페미니스트 문화 속의 대다수는 반복되는 패턴이 왜 형성되는지, 왜 분노문화가 이렇게 우리를 만족시키는지 자각하지 못하고 있다.

우리는 모두 마음 깊숙이 리스트를 품고 있다. 우리가 겪은 모든 불의와 모욕, 우리가 약해졌던 모든 순간, 그리고 이에 맞서 싸우거나 소리를 높이는 대신 아무것도 하지 못했던 일들을 기록한 목록 말이다. 분노문화의 동력은 바로 이 리스트다.

우리는 이 목록에 대해 비판적으로 사고해야 한다는 사실을 잊는다. 목록 중 어떤 사건들이 여성혐오의 결과였는지, 그저 운이 나빴던 건 아니었는지, 아니면 정말 똥 밟은 것이었는지, 혹시 어쩌면 실제로 우리 잘못 때문에 일어난 건 아니었는지를 생각해야 한다. 잘못 겨냥된 분노는 파괴적이다. 모든 이가 분노를 지니고 있고 그중에는 당신이 조준을 외칠 때 사격할 의지가 있는 사람도 많기 때문이다. 잘못 겨냥된 분노는 또한 멍청하고 부끄러운 일이다. 리스트를 충분히 검토하지 않으면 자기를 불합격시킨 대학을 고소한 소녀처럼 된다. 그 소녀는 자신의 평범하기 짝이 없는 학교 성적이나 시험 점수, 활동사항 때문이 아니라 차별철폐 조처^{Affirmative Action, 미국에서 실시하는 소수계 우대정책} 탓에 수준 낮은 소수인종 학생들이 대학에 많이 입학하면서 자신이 떨어졌다고 소송을 했다. 그러고 보면 분노는 참 편리한 배출구다. 우리는 분노를 이용해 자기성찰이라는 어려운 일을 피한다.

우리는 또한 우리가 했던 일 때문에 다른 사람들도 그들만의 리스트를 곱씹는다는 사실을 잊는다. 다른 인종, 다른 나라에서 온 사람들, 다른 섹슈얼리티를 지닌 사람들, 그들도 모두 우리의 어리석은 행동, 우리가 말하거나 썼던 얘기들, 우리가 저들을 밀어냈던 일, 아니면 단순히 우리가 그들을 바라봤던 눈길, 그들이 형편없을 거라는 우리의 생각을 합리화할 수 있도록 그들이 끔찍한 행동을 보이기만을 기다렸던 일 등을 다 견뎌야만 했다. 완벽히 계몽된 사람은 아무도 없다. 마찬가지로 이성애자 남성들도 이런 목록 하나쯤은 품고 있고, 그 리스트에는 타당한 부분도 많을 것이다.

다른 사람의 리스트에 우리가 올라 있다는 사실에 비추

어 우리는 생각 없이 한 행동과 악한 의도를 가진 행동을 구분하는 통찰력을 길러야 한다. 그 둘 사이에는 엄청난 차이가 있다. 예를 들어 우리가 인종차별주의적인 생각이나 말, 행동을 하는 순간, 그런 순간을 그저 부정하거나 무시하지 않고 의식적으로 성찰한다면 그런 믿음이 어디에서 오는지 이해하는 데 도움이 될 것이다.

이 바보 같은 인종차별주의적인 믿음은 어디에서 기원하는가? 이것이 그 사람과 그가 속해 있는 집단에 대해 당신이 실제로 생각하거나 믿는 바를 순수하게 나타내는 표현인가? 아니면 우리가 사회와 (근본적이고 제도적으로 인종차별주의, 동성애혐오주의, 외국인혐오주의, 성차별에 물든) 미디어의 영향을 워낙 많이 받아서 우리 머릿속 어느 모퉁이에 주입된 영향들을 깨닫지 못한 건 아닌가? 우리가 이런 순간들을 숨기는 까닭은 이 사실이 마땅히 부끄럽고, 그로부터 어떤 일이 생길 수 있는지 알기 때문이다. 이런 순간들이 존재하지 않는 척함으로써 우리는 자신의 어두운 면모를 잘 통제하지 못하는 사람들을 재판하는 태도를 취할 수 있다.

그렇다고 편견과 증오의 순간에 개인의 책임이 전혀 없

다는 말은 아니다. 우리 모두 책임이 있다. 시민으로서 우리의 임무는 이 영향을 검토하고 이해하기 위해 최선을 다하고, 이 요인을 줄이기 위해 무엇보다도 잘 공감하고, 잘 들어주고, 다른 집단들이 만든 문화를 같이 즐기고, 교육하는 데 있다. 우리 자신의 약점을 이해하는 일은 여성혐오(와 인종차별주의, 동성애혐오주의 등)의 핵심이 개인의 마음에 있는 게 아니라 우리 사회가 구조화된 방식에 있다는 사실을 이해하는 것이다. 여성혐오를 보인 개인들을 추격하는 일은 당신 자신의 감춰진 편견을 놓고 누군가 당신을 소리 높여 비난하는 정도의 효과가 있을 뿐이다. 우리가 자신을 정화하려 아무리 노력한다 해도 구조적인 핵심은 남는다. 그 핵심은 우리 중 싸울 의지가 있는 이들이 주의를 산만하게 하는 주변이 아니라 그 근원에 집중해야 비로소 제거될 것이다.

우리가 이런 힘든 일을 피하고자 하는 이유는 우리 모두 각자의 리스트에 너무 많은 시간을 쏟기 때문이다. 모두가 자신의 분노에만 집중하기에 새로운 패턴을 만들기 어려운 것이다.

분노하는 것과 기준을 가지는 것 사이에는 차이가 있다. 분노에 가득 찬 페미니스트들은 '눈에는 눈'을 요구하는 복수의 여신들 같다. 눈썹 대신 눈, 농담 대신 직장을 요구하기도 한다. 이러한 욕망은 우리 모두의 내부에 있으며, 이를 키운다면 우리는 망한 것이다.

행동의 기준은, 원한다면 '정치적 올바름'이라고 부를 수도 있을 텐데, 모든 사람이 인간이라면 마땅히 이렇게 살아야 한다는 기대에 부합하기를 요구한다. 어떤 사람이 폭력이나 노골적인 증오로 이런 기준을 심각하게 위반하면, 그 사람은 처벌을 받도록 해야 할 것이다. 그러나 그저 인간에 대한 일정한 기대에 부합하는 데 실패한 사람이라면, 그를 추방할 게 아니라 그의 의견에 반대해야 한다. 그들의 행동으로 대화가 촉발되어야 한다. 우리가 일정한 행동 기준을 요구한다면, 우리 역시 그 기준에 부합해야 한다. 공동체에서 더불어 사는 일은 어려운 순간을 참아내고 다른 이들의 약점을 허용하는 것이다. 다른 이들도 우리 자신의 어려운 순간을 참아주고 약점을 허용해줄 수 있도록 말이다.

백인 이성애자 남성을 가볍게 악마화하는 행위가 여성혐오, 인종차별주의, 동성애혐오를 부채질하는 편견과 증오의 패턴과 똑같아진다는 사실을 우리는 외면하고 있다. 제도화된 권력이 뒷받침되지 않기 때문에 성차별주의라 부를 수 없을지는 몰라도, 그런 악마화는 다른 모든 형태의 증오가 작동하는 것과 같이 태만한 사고와 손쉬운 희생양, 분노의 결과로 얻은 통쾌함만이 뒤따를 뿐이다.

　　우리가 이 증오에서 남성을 보호해야 한다는 말이 아니다. 최악의 경우, 이러한 증오는 감정을 상하게 하고 분노와 적개심을 낳는다. 내 주장은 우리가 이런 태만함의 덫에 빠지지 않도록 우리 자신을 보호할 필요가 있다는 것이다. 적대적으로 행동하며 '넌 아웃이야'라는 식으로 배제하면 기분은 좋아진다. 그러나 그런 식의 사고, 말, 글은 아무런 가치가 없다. 백인 이성애자 남성이라는 이유로 사람을 무시하는 것은 우리 자신을 공론가 수준으로 떨어뜨리는 일이다. 이 백인 남성 희생양이 고루하고 혜택을 받은 평범한 남성의 상징이 되었다면, 이는 우리가 생각을 멈추고 그저 고정관념을 반복하고 있다는 뜻이다. 모든 고정관념이 그렇듯 백인 남성 희생양이라는 고정관념 역시 지나친 단순화의 오류를 범할 뿐이다.

우리는 또한 어떠한 지적 환경에 살고 싶은지 생각해야만 한다. 우리와 다른 다양한 의견을 강압적으로 대하는 환경은 가능성과 역동성이 없는 곳이다. 페미니스트 청중이 올바른 언어와 용어를 지나치게 강조하면서 표면 아래 사고의 힘과 적법함에 대해서는 생각하지 않는 바람에 페미니즘 담론은 피상적으로 돼버렸다. 그리고 사소한 견해 차도 공격과 학대로 과장한다면, 논객들이 복잡한 사상을 공개적으로 선보일 여지가 없다.

우리는 전혀 도전받지 않는 쪽을 더 좋게 생각할 수 있지만, 나에게 동의하는 사람들만 주변에 두면 사고가 퇴화한다는 사실이 드러났다. 남자들이 수세기 동안 논의를 통제하고 지배해오지 않았느냐는 변명도 우리가 통제권을 뺏기 위해 그들의 방식을 이용하는 것을 정당화하진 못한다.

우리에겐 아직 직면하지 못한 큰 싸움을 피하지 않는 예리한 페미니즘이 필요하다. 우리가 더 나은 세상을 만들고 싶다면, 가부장제가 지어진 토대가 아닌, 다른 토대가 필요하다. 그러나 피하기 힘든 성가신 문제가 있다. 대다수 여성은 대다수 남성과 근본적으로 다르지 않다는 사실이다. 분노하면 기분이 좋아질지는 몰라도 실체가 없는 분노의 악순환이라는 진창에서 더 논의가 나아가지 않는 이상, 우리는 인테리어 디자이너의 방식으로 세상을 변화시킬 위험이 있다. '기본구조는 같지만, 새 커튼 정말 좋지 않아요?'

분노가 실제로 무엇을 성취하는가? 어떤 남자의 행동을 폭로하는 일이 과학계 여성을 더 잘 지원하기 위한 논의의 장을 열었던 순간이 있었을 것이다. 그러나 그런 순간은 지나갔다. 헌트 사건 후에 말할 수 있는 유일한 사람들은 비슷한 일로 고통받았던 여성들이다. 그들은 함께 모여 서로 얼마나 많은 일을 극복해야 했는지를 얘기하며 누구든 자신들이 말하는 사건의 버전에 이의를 제기하는 사람들에게 복수하겠다고 협박한다.

한 사람은 해고당하고 다른 이는 트위터에서 쫓겨나고 또다른 사람은 진실하지 못한 공적 사과를 하도록 강요받는 등, 요새는 분노에 빠른 해결책이 제시된다. 그리고 사람들은 목소리를 낮추는 법을 배운다. 하지만 성차별적 농담을 하지 않는다고 그 기저에 있는 성차별주의가 사라지는 것은 아니다. 그저 자신들의 편견을 감추는 데 더 능수능란해질 뿐이다. 경찰이 잔혹하게 흑인 남녀를 죽이는 사건이 방증하듯, 인종차별주의 발언을 사회적으로 허용하지 않는다고 그만큼 인종차별이 사라진 세상이 오는 건 아니다. 마찬가지로 모든 성차별적 농담을 없앤다고 여성에게 더 나은 환경이 오지는 않을 것이다. 빠른 해결책은 충분한 해결책이 아니다. 제도적 변화가 동반되지 않은 정치적 올바름은 효과적이지 않으며, 과중한 처벌은 적개심과 공포만을 낳는다.

우리의 사적인 분노에 반응하는 것은 여성혐오를 사적인 수준에만 머물게 한다. 그것은 인간 개개인의 감춰진 심리적 상처, 뿌리 깊은 증오나 엄마와의 관계 속 문제 등만 계속 파헤치게끔 한다. 여성혐오를 드러내는 표현은 그저 잔가지일 뿐이다. 여성혐오주의자 개인은 증상이지 원인이 아니다. 개개인을 하나씩 솎아낸다고 세상의 여성혐오가 줄지 않는다. 우리가 사는 시스템, 경쟁과 폭력은 보상하고 연민과 보살핌은 가치없다고 깎아내리는 이 시스템 자체를 다루기 전까지는 여성혐오주의자들은 계속 나올 것이다.

　지금 우리가 참여하고 있는 이 싸움에서 도저히 이길 수 없다는 사실을 인정할 때 분노문화에서 벗어날 수 있다. 개개인 차원의 여성혐오에 대응하는 일로는 안전한 세상을 만들 수 없다. 돈에 좌지우지되고 비인간적인 것에 보상하며 분리와 고립을 조장하고 불평등과 고통을 일으키는 우리 문화 전체가 적이다. 그것만이 싸울 가치가 있는 유일한 적이다.

　그러나 전체 구조를 상대로 싸운다는 말은 우리의 남은 생애 내에 진정한 성공을 보기 힘들다는 뜻이기도 하다. 그리고 진전은 우리가 느끼지 못할 정도로 느릴 수도 있다.

　분노문화는 통쾌하다. 완전히 비생산적이지만은 않지만 비효과적임에도 불구하고 말이다. 적어도 승리할 기회가 있는 것처럼 보이기 때문이다.

　시스템은 거지같고 우리에게 적대적이다. 우리가 우리의 지적 에너지를 어디에 쏟을지 영리해져야 하는 이유다.

트위터 전사들과 싸우고 나이만 먹은 악의 없는 남성을 사형시키라고 요구하는 데 지적 에너지를 쓰는 것은 우리의 시간, 에너지, 자원을 날려버리는 길이다.

7

남자는 우리의 문제가 아니다

Men Are Not Our Problem

잠시만 생각의 흐름을 멈추고 지금 이 책을 읽고 있을지도 모르는 남성분들께 주목해보도록 하겠습니다.

이 책을 골라잡은 이유가 당신도 페미니즘과 이런저런 문제로 부딪히기 때문일 수도 있겠네요. 어쩌면 진지한 문제들일 수도 있겠죠. 어쩌면 당신은 현 페미니즘 사상에 철학적으로 반대할 수도 있고, 페미니즘의 기본전제에는 진정으로 동의하나 현재 그 전제가 표현되는 방식에 혼란을 느낄 수도 있습니다. 파이어스톤이나 드워킨의 저작을 읽고 그로 인해 발생한 감정이나 생각들을 다스렸을지도 모르죠. 자신의 약점과 연약함이 주는 공포를 자세히 되돌아보거나 과거 그런 감정들을 여성에게 투사했던 방식을 검토했을 수도 있고요. 어쩌면 여성성에 느끼는 불편한 감정을 다스렸을 수도 있겠네요. 당신 삶에 부드러움과 아름다움과 사랑을 위한 공간을 마련했을지도 모르고요.

아니면 자신이 계몽되었고 감수성이 예민하다고 스스로 말하지만, 사실은 여성이 자율적인 인간처럼 행동하면 불편해할 수도 있습니다. 어쩌면 어떤 여성 작가가 여자들은 덜 떨어졌고 비논리적인 천치이며, 당신이 간절히 원하는 대로 페미니즘은 황당한 웃음거리라 생각해도 괜찮다고 말해주기를 바라는지도 모르겠네요. 어쩌면 여성들을 진지하게 대하지 않아도 될 변명거리를 찾고 있을 수도 있고요.

아마도 당신은 이 가운데 어디쯤에 있을 겁니다. 어느 쪽이든, 내가 여기에 쓴 내용에 질문이나 우려가 있을 테고, 그런 것들에 내가 답해주기를 바랄지도 모르겠군요.

그렇다면 여기 내 답이 있습니다. 그런 일이라면 딴 데 가서 알아보세요. 저는 관심없습니다. 남성인 당신은 내 문제가 아닙니다. 당신에게 페미니즘을 쉽고 이해할 수 있게 제공하는 건 내 일이 아닙니다. 당신의 공감하는 마음을 키우고 격려하는 것, 여성을 인간답게 대하는 방식을 가르치는 것 역시 내 일이 아닙니다.

그렇다고 그 일을 다른 여성들에게 떠넘기지도 마세요. 그들 일도 아닙니다. 당신의 계몽이 부족한 게 우리 문제는 아닙니다. 공부하세요. 책을 읽고, 스스로 파고들어 느껴지는 감정들을 다 느껴봐야지, 그걸 다른 사람에게 넘겨버리지 마세요. 남자들은 이 일을 스스로 그리고 서로를 위해 직접 해내야 합니다. 여자들에게 당신네들의 불편과 혼란이라는 부담을 짊어지고 다음 세기를 보내라고 하면 안 됩니다. 빌어먹을 당신네 일은 직접 하시기 바랍니다, 신사 여러분.

남자들이 어려운 시간을 겪게 되었다는 건 잘 이해합니다. 수세기 동안 피해왔던 자기점검과 탐구를 다 해야만 할 겁니다. 남성들은 지구에서 새로운 방식의 삶으로 존재하는 법을 찾아야만 합니다. 여자들은 훨씬 더 유리한 출발선에 있고, 남자들은 이 과정을 피하고자 할 수 있는 건 뭐든지 할 겁니다.

페미니즘을 처음 만나면 당연히 불편할 수밖에 없습니다. 당신에게 주입된 모든 메시지를 깨고 나와야만 하니까요. 자신의 태도를 후회해야만 할 테고, 당신 삶에서 의식적이든 무의식적이든 여성혐오를 표출했던 모든 방식을 인정해야만 할 겁니다. 이 불편함을 피하는 하나의 방법은 당신은 좋은 편이었음을 인정해달라고 여자들에게 부탁하는 겁니다. 감수성을 연기하는 것, 그건 조작에 불과하지만요. 불편함을 피하는 다른 방법은 혼자 앉아 페미니스트들이 뭐가 잘못됐는지 암울하게 생각하는 겁니다.

　당신이 이 책에 어떤 반응을 보이는지 개똥만큼도 신경 쓰지 않는다는 걸 분명하게 하고 싶을 뿐입니다. 이메일 보내지 마시고 연락하지 마십시오. 한번쯤은 싸지른 똥을 직접 처리해보세요.

　자, 그럼 이제 우리는 하던 얘기로 다시 돌아갑시다.

　남자들은 우리 삶뿐 아니라 머릿속에서도 많은 부분을 차지한다. 남자들이 우리 사회의 '권위'라고 워낙 뿌리 깊이 주입된 나머지 우리는 이 권위를 상상 속 유령으로 재현한다. 섹슈얼리티는 물론, 삶의 모든 측면을 관찰할 때조차 남성의 시선이 체화돼 있다. 거울을 볼 때 우리가 섹시하거나 예뻐 보이는지를 남성들의 기준으로 판단하고 우리의 외양에 대한 남자들의 반응을 무의식적으로라도 예상하는 것처럼, 우리는 우리가 말하고 행동하는 방식은 물론, 어떤 삶을 살아갈지 결정하는 선택에서도 남성의 반응을 예상한다. 우리 사회가 남성적인 삶의 방식과 남성의 시각과 판단을 너무나 중시하고 그 기준에 맞는 사람들에게 보상한 나머지, 우리는 이 과정을 몸속 깊이 새기고 말았다. 실생활에서 만나는 남자들은 우리의 행동과 선택을 관찰하고 논평함으로써 이러한 과정을 강화한다. 그 남자들이 중요하다고 착각하지 않을 도리가 없다.

그러나 아무리 우리 상상 속에 남자들이 많은 공간을 차지한다고 해도, 그 공간의 대부분은 우리가 그들에게 내어준 것이다. 우리는 그들을 안으로 초대한 후 내보내는 것을 잊었다. 페미니스트 담론에서조차 남자 청중은 언제나 전제되어 있었고 그들의 구미를 맞추려는 시도도 늘 있었다.

말다툼이나 의견충돌은 적들을 강화하므로 페미니스트들은 하나의 통일된 전선을 이뤄야 한다는 생각을 예로 들어보자. 물론 여기서 적들이란 단순히 우리가 머릿속에서 만들어낸 남성 청중들이다.

나는 이러한 양상을 임신중단 합법화운동을 이어가는 온라인과 오프라인 양측의 사람들에게서 여러 차례 보았다. 미국에서 낙태한 많은 여자는 이 경험을 혼란스럽고 고통스럽게 기억한다. 많은 페미니스트가 그들에게 낙태는 큰 문제가 아니라고 말한다. 낙태 시술은 약간 불편한 정도이고 그 직후엔 조금 슬프다고 느낄 수도 있으나 대부분은 그저 곧 안도할 거라는 게 페미니스트 진영의 기본 방침이다.

그런 얘기를 들은 여자들이 낙태를 한다. 어떤 이들에게는 굉장히 고통스러울 수 있고, 그 이후에는 진정으로 비통한 마음이 들기도 하는 게 낙태다. 모든 게 다 좋다는 말을 들었는데 당신이 경험하기로는 아무것도 좋지 않았다면, 간극을 좁히기란 힘들 것이다. 특히 미국에서는 낙태 시술 병원에서 상담을 별로 해주지 않고, 낙태가 보험 적용이 안 되므로 애초에 비용도 많이 드는데, 시술 중에 진

통제라도 맞으면 비용이 훨씬 더 부담스러워진다.

그런데도 여자들이 자신의 힘들었던 경험을 소리 높여 얘기하면, 그냥 조용히 있어달라는 말을 듣는다. 명분을 위해서란다. 낙태를 반대하는 적들은 어떤 모순이라도 가로채서 낙태의 해로운 영향에서 우리를 '보호'할 구실로 이용할지도 모르니까 말이다. 우리의 적들이 온갖 거짓말을 만들어낸 오랜 역사가 있고, 구실을 만드는 일에 우리의 도움 따위는 필요없었다는 사실은 고려조차 되지 않는다. 낙태가 암의 원인이다, 외상후스트레스^{PTSD}의 원인이다, 불임의 원인이다… 적들은 그런 쪽엔 이미 빠삭하다.

여자들 혹은 페미니스트들이 거대 단일조직으로 보여야 한다는 생각은 우리가 힘을 보여주면 적을 무찌를 수 있으리라는 생각에서 나온 듯하다. 하나로 뭉쳐야 하고, 모든 걸 장악해야 하고, 우리의 운동을 우리끼리 비판해서는 안 된다.

그러나 이것은 '적'이 우리를 어떻게 생각하는지가 우리 자신의 진실성보다 더 중요하게 다뤄지는 예일 뿐이다. 정치적 우파가 싸움에서 이기기 위해 거대 단일조직처럼 움직이는 경우가 많다고 해서 우리 역시 그들처럼 행동해야 한다는 믿음은 잘못되었다. 이는 현재 승리를 느끼기 위해 더 나은 미래라는 비전을 희생시키는 일이다.

게다가 현 시스템에서는 부드러움, 연약함, 섬세한 차이nuance, 연민, 보살핌 등의 가치가 평가절하될지는 몰라도 이런 자질들은 단연 매우 중대한 것으로, 우리가 부끄러워할 일이 아니다. 오늘날의 시스템이 우리 모두를 돌봐줄 리는 분명 없으므로 우리의 첫째 책임은 서로를 돌보는 일이어야 한다. 비판을 약점을 드러내는 시도나 공격으로 본다면 서로를 돌볼 수 없다.

무언가가 어떻게 진행되어야 하고, 운동의 목표가 무엇이 되어야 하는지 논의하는 일은 '말다툼'이 아니다. 어떤 상황이 개선되려면 견해 차이와 비판이 절대적으로 필요하다. 그리고 사람들이 실제로 다치고 있다면, 그들에게는 자신의 피해에 대해 목소리를 높이고 많은 사람에게 알릴 권리가 있다. 단순히 불편하다거나 운동 외부에 그러한 불평이 어떻게 들릴지 걱정해서 그들의 말할 권리를 빼앗는 일은 어리석다. 어쨌든 운동 내에 발언권이 없는 사람들은 자신이 말할 수 있는 곳을 찾아갈 것이기 때문이다. 모든 사람은 자신의 목소리를 높일 권리가 있다.

남성의 반대만이 문제가 아니다. 남성의 찬성도 방해가 될 수 있다. 여성으로서 우리는 남자들이 우리를 어떻게 생각하는지에 따라 인간으로서의 우리의 가치가 정해진다고 배웠다. 여자가 사랑받을 만한지는 남자들이 결정했다.

이 시스템에서는 사랑과 낭만도 억압과 통제의 한 형태가 될 수 있다. 특정 행동과 기질이 사랑스러운지 그렇지 않은지 평가된다. 여성은 이런 억압을 이겨내기 위해 평가 규칙들에 자신의 행동과 기질을 맞춘다.

이 시스템에서는 사랑도 그저 노력하고 경쟁해야 하는 과업 중 하나일 뿐이다. 그리고 여기엔 많은 게 걸려 있는데, 왜냐하면 낭만적 사랑은 우리 삶에 의미를 부여하는 방식일 뿐 아니라 우리가 사회를 조직하는 방식이기도 하기 때문이다. 커플은 함께 살고 돈을 나누고 아이를 낳는다.

수적으로나 사회적 용인의 측면으로나 싱글맘이 증가했음에도, 우리 사회는 낭만적 사랑을 중심으로 매우 강하게 조직되어 있기 때문에 부부가 아이를 키우거나(만약 부부가 계속 함께 산다면, 이는 아마도 핵가족 모델이 될 것이다) 혼자 키우기 말고는 다른 선택지가 별로 없다. 경제가 어려울수록 싱글맘으로 산다는 건 경제적·정서적·육체적 리스크를 혼자 다 떠안아야 한다는 말이다. 서구 사회가 사회복지 프로그램을 계속 축소하고 있기도 하지만, 문제는 그것보다 훨씬 더 치명적이다.

우리는 사랑이 우리를 구원해주기를 기다린다. 이 말은 이성애자 소녀들한테 우리가 독립과 역량 강화를 많이 이야기함에도 불구하고 정작 자기역량 강화의 목표가 낭만적 사랑 시장에서 경쟁의 우위에 설 수 있는 형태를 띠는 데 주력하는 경우가 많다는 의미다.

이를 증명하기 위해선 그저 낭만적 사랑의 구조 밖에서 살아가기로 선택할 때 주어지는 결과를 살피기만 하면 된다. 결혼뿐 아니라 커플의 삶도 거부한다면 가능한 삶의 선택지는 대부분 고독한 삶뿐이다. 왜냐하면 여성 절대다수가 궁극적으로 사랑으로 자신의 삶을 꾸리고, 엄마의 삶으로 나아가며, 어디에서 어떻게 살지를 기대하기에, 그 외의 삶을 살아보려 한다면, 시간 대부분을 혼자 보내야 할 것이다.

그렇기에 혼외 자식을 갖기로 결심한다면 그 아이도 당신 홀로 책임져야 한다. 공동 생활공간은 없거나 극히 드

물며, 낭만적 사랑으로 맺어진 파트너들이 아니면 육아에 참여한다는 약속도 이루어지지 않으니 육아 도우미에서부터 가사 도우미까지, 돈을 주고 당신의 돌봄노동을 대체시킬 누군가가 있지 않은 한, 당신은 아무런 도움도 받지 못한다.

여기서 남성에게 의존해야 하는 이성애자 여성들이 자신의 삶을 꾸리는 데 이런 상황이 어떠한 영향을 주느냐는 물음이 제기된다. 평생 독신('독신'도 통상 결국에는 커플이 되기 전의 시기일 뿐이라고 가정되는 것은 물론, 이 시대에는 약간 나이든 노처녀들만이 커플이 되기 전 단계의 독립 상태에 가까운 '독신'상태를 경험한다)으로 살 생각이 아니라면 이 질문 앞에 예외는 없다.

결혼제도는 페미니스트와 퀴어 사상가들의 공격으로부터 수십년을 살아남았다. 여성을 아버지에게서 남편에게 넘겨주는 사유재산으로 간주하는 충격적인 결혼의 상징적 의미에서부터 결혼한 여성의 건강, 직업, 행복을 희생하여 남자들의 삶을 개선하는 경우가 많다는 점까지 모든 것을 지적했던 그들의 저작은 절대적으로 중요하나, 여기서 반복하지는 않겠다.

나는 결혼에 거는 기대와 그 기대가 어떻게 페미니즘의 목표와 행태를 바꾸는지에 더 관심이 있다. 낭만적 사랑이나 자기 자신에게 기대는 것 외에 인생을 꾸려나가는 대안이 너무 적기 때문에 사람들은 사춘기부터 미래의 배우자감에게 사랑스럽고 성적으로 어필할 수 있어야 한다는 압박을 받는다.

아름다움을 예로 들어보자. 아름다움은 여전히 사랑스러움이라는 개념과 강하게 연결되어 있다. 페미니스트들이 아름다움과 추함, 성적 매력이 있고 없고의 이분법적인 압박에 직면하여 이에 대처한 방식 하나는 아름다움의 외연을 확장하려는 시도였다. 뚱뚱한 몸과 유색인종의 몸, 다른 능력이 있는 사람들^{differently abled, 장애인을 일컫는 대안적 용어}의 몸 또한 아름답다고 주목하는 게 페미니스트 캠페인이 되었다.

그러나 우리 문화에서 아름다움은 신체적 특징에만 연결된 것이 아니다. 사회적 용인이라는 개념과도 관련이 있다. 이것이 바로 미디어가 야망이든 독립심이든 교육 정도든 '너무 잘난' 여자는 사랑받을 수 없다고 우리에게 끊임없이 반복하는 이유다.

따라서 유일하게 합리적인 안은 아름다움과 추함의 개념을 아예 거부하는 것이다. 아름다움이라는 개념을 확장하는 게 아니라 끊어버리기. 꼬리표를 거부하기. 판단을 거부하기.

그렇다고 브라와 패션과 화장과 프로 미용사를 거부하는 식의 2세대 페미니즘으로 회귀할 필요는 없다. (물론 누구든 남성의 시선에 외면당할 뿐 아니라, 외면당할 겨를도 없을 정도로 무시당하면서 몇 해를 보낸다고 해서 나쁠 것도 없다.) 그저 아름다움과 사회적 용인, 사랑스러움과 성적 매력이라는 개념은 우리 자신의 가치를 매기는 일과는 무관해야 하고, 낭만적 사랑을 우리 인생의 중심에서 강등시키는 것만이 이를 실현할 수 있는 유일한 길이라는 말이다.

(또한 우리 시스템에서는 돈과 직업이 경쟁인 것처럼 사랑도 경쟁이기 때문에 다른 여성들은 이런 미적 기준, 행동 규범, 사회적 용인의 개념들을 유지하고 지지한다. 가부장제에서 이득을 보는 여성들이 가부장제를 지키도록 거드는 것과 같은 방식으로 사랑과 섹슈얼리티에 통용되는 기준들로부터 이득을 보는 여성들도 이를 지키도록 거

들 것이다.)

여기서 문제는 아름답거나 사랑스러워지려고 노력하는 개별 여성이 아니다. 인스타그램Instagram에 셀카를 올리는 여자애들이나, 텀블러Tumblr, 인스타그램과 트위터를 합쳐놓은 듯한 마이크로블로그 서비스에 흔히 사회가 추하다고 말하는 몸의 아름다움에 관한 글을 쓰는 여자애들이나 어느 쪽도 페미니즘을 죽이는 게 아니다. 문제는 페미니즘이 여성들에게 자신의 삶에 의미와 가치를 부여할 만한 대안을 거의 제공하지 못했다는 점이다. 우리는 여성들이 종류가 다른 삶, 낭만적 사랑의 복합체 밖에서 살아나갈 만한 인프라는커녕 그런 상상력조차 만들지 못했다.

왜냐하면 제도로서의 결혼을 많은 페미니스트가 비판했음에도, 우리는 그 비판을 잘못 이해하여 관계들만 재협상하면 된다고 생각했기 때문이다. 결혼제도에 전반적으로 분명 문제가 있음에도, 개별 결혼생활은 더 평등하고 서로에게 힘이 되어주도록 협상 가능하리라고 우리는 생각했다. 그러나 몇세기, 몇천년에 걸친 억압과 통제를 무효화시키는 일을 여성 개인의 책임으로 돌릴 수는 없다. 사랑이 존재한다는 게 문제가 아니라 사랑만을 우선시하는 게 문제다. 낭만적 사랑을 감정적 보상뿐 아니라 사회적·물질적 보상과 연결하는 게 문제다.

페미니스트들이 자신의 낭만적 사랑의 가능성을 차단할 필요는 없다. 그러나 우리는 낭만적 사랑이 가족에서부터 우정이나 사회적 사랑과 같은 다른 모든 형태의 사랑보다 우선시되는 것에 문제를 제기해야 한다. 또한 우리가 사랑받기 위해 우리에게 요구되는 것에 문제를 제기해야 한다. 사랑과 섹스와 가족을 이룰 가능성이 하나의 미끼처럼 여성들에게 제시되는 것, 그리고 이러한 통제 방식을 여성이 너무나도 기꺼이 체화하는 방식에도 문제를 제기해야 한다.

여기서 성장이 저해된 것은 우리의 상상력이다. 많은 책을 읽었고, 여성이 시나리오를 쓰거나 감독한 영화도 많이 보았는데, 작가는 모든 남성 인물을 여성 인물과 사랑에 빠지게 함으로써 그녀가 가치있다는 사실을 청중에게 드러낸다. 너무나도 어렵고 너무나도 몹쓸 일을 많이 겪어서 연애에 트라우마가 있는 여자라고 해도, 남성 인물들은 그녀의 주변을 빙빙 돌며 자신의 감정을 표현하고, 여자가 '준비될 때' 그 자리에 자신이 있겠노라는 갈망의 눈길로 상대를 바라본다.

우리가 하는 이야기들은 우리가 어떤 것에 가치를 두는지 드러낸다. 그리고 사랑, 자기역량 강화, 물질적 성공에 관한 전통적인 페미니스트 서사들은 여전히 남성이 우리에게 가치를 수여하리라 기대한다는 사실을 보여준다. 남자들이 제시하는 고용의 기회와 돈을 이용하거나 그들이 우리에게 사랑스럽다고 말해주기를 원하면서 말이다. 시스템 외부에서 살아가면서도 뜻깊고 존경할 만하다고 자타가 공인하는 삶의 이야기나 생각은 정말 찾아보기 힘들다. 우리 문화에서 고독한 여성으로 유명해지려는 사람이 있다면, 고독한 남성처럼 경제적으로 독립적이고 성적으로 왕성하며 애는 없고 공동체나 사회에 연결고리가 전혀 없이 살면 좋겠다.

무언가를 상상해야지만 실현 가능한 인프라를 만들 수 있다. 우리는 상상과 현실이라는 양쪽 전선에서 실패했다. 에밀리 디킨슨^{Emily Dickinson, 평생 은둔하며 자연과 삶과 죽음을 노래한 미국의 19세기 시인}에서부터 시몬 베유^{Simone Weil, 노동운동과 억압당하는 사람}

들을 위해 헌신한 프랑스의 사회철학자, 코코 샤넬^{Coco Chanel, 샤넬 브랜드의 설}립자까지 우리는 이 위대한 괴짜들을 특이한 별종으로 간주할 뿐, 우리가 인생에서 원하는 바를 고민할 때는 전혀 상관없는 사람들로 여긴다. 이는 우리가 드워킨이나 파이어스톤처럼 급진주의 페미니스트 저자들을 무시하는 것과 마찬가지다. 드워킨은 미쳤고, 파이어스톤은 너무 별나기에 진지하게 여길 수 없다는 것이다.

　페미니즘은 그저 문화에 반응하는 게 아니라 문화를 바꾸는 힘이다. 우리가 문화를 바꾸지 않는 이유는 우리 중 대다수가 낭만적 사랑을 중심으로 조직된 사회에서 혜택을 얻기 때문인데, 그 혜택은 정서적 측면뿐 아니라 경제적·사회적·물질적 부분에까지 이른다. 섹스 대상으로 삼고 싶지 않고 사랑스럽지 않은 독신녀들, 빈곤한 여성들, 또한 성매매 노동자들이나 동성애 결혼이 합법화되기 전의 레즈비언들과 같은 주변부의 여성들은 늘 있었다. 그들은 언제나 공격당하기 쉬웠고 섹스 상대로 간주되는 페미니스트들이 누리는 남성의 보호망 밖에 있었다. 그리고 그들은 종종 페미니스트들의 희생양이 되었고 무시당하곤 했다. 페미니스트들은 아마도 사회적으로 거부당한 이 여성들 덕분에 남성들의 총애를 잃는 일이 얼마나 쉬운지, 또 자신들 역시 여전히 얼마나 남성에게 의존하는지를 깨달았기 때문에 이들을 무시했을 것이다.

무언가가 우리에게 혜택을 준다고 해서 그것이 사회적 선이 되지는 않는다. 우리에게 가능한 최선이라는 뜻도 아니다. 진정한 변화를 일으키고 싶다면, 상상에서부터 시작해야 한다. 사람들에게 더 나은 방식의 삶을 상상할 기회를 주어야 한다. 그런 점에서 페미니스트들은 사랑과 결혼에 대응하는 데 실패했다.

나는 해답보다는 질문이 더 많다. 이 모든 게 어떻게 나아가야 하는지도 알지 못한다. 그래도 괜찮다. 모든 걸 다 알고 있다고 말하는 사람들의 말은 절대 들어서는 안 된다. 그들은 거짓말을 하고 있거나 당신에게서 무언가를 원하는 사람이기 때문이다.

일개 개인이나, 일개 집단, 일개 인종, 혹은 일개 민족이 다른 모든 이의 현실을 창조할 권리는 없다. 지배의 시대는 분열의 시대가 아니라 협동의 시대로 대체되어야만 한다. 이는 우리가 마땅히 누려야 할 자격을 부풀려 생각하는 게 아니라 우리가 공유하는 의무를 인지하고 함께 마음을 모을 때만 가능한 일이다. 그리고 단순히 한 개인이나 집단이 자신의 권한을 주장하는 행태를 버리지 못한다고 해서 이를 "그렇다면 나도 내가 가질 수 있는 것만 챙기지 뭐"라는 태도를 취하는 변명으로 삼아서도 안 된다. 이기주의에 맞서 싸우는 방법은 더 많은 이기주의가 아니다.

우리 문제가 아닌 것과 우리 책임이 아닌 것에는 차이가 있다. 남자가 우리 문제는 아니지만, 우리는 그들에게 책임이 있다.

문제와 책임의 차이는 우리가 취해야 하는 행동에 있다. 남성을 새로운 깨달음으로 인도하는 게 우리의 의무는 아니다. 우리는 그들을 우리 식의 계몽으로 개종시키는 선교사가 될 필요가 없다.

비록 선교적인 의미의 개종이 많은 이유에서 솔깃하지만 말이다. 우리는 우리가 결과를 통제할 수 있고, 어떤 이유에선지 남자에게 무엇이 필요한지 우리가 제일 잘 안다고 여기고, 그들을 구슬리는 일이 그들에게도 좋다고 생각한다. 또 실제로 우리는 그들이 어때야 하는지 우리가 제일 잘 안다고 그들을 설득하기 위해 많이 노력한다. 남성이 우리 문제라고 생각하는 사람들에게 해당하는 얘기다.

그러나 개종으로 우리가 남성에게 원하는 바는 그들이 우리처럼 생각하고, 우리를 옳다고 여기며, 우리에게 이상적인 파트너, 이상적인 남자 형제, 이상적인 아들, 이상적인 동료가 되어주는 것이다. 남자가 우리 문제라고 할 때, 우리는 궁극적으로 우리 자신에 대해, 그리고 남성이 우리와 어떻게 연관됐는지에 대해 생각한다. 남성에게, 그리고 남성에 대해 말함으로써, 그들에게 상으로 동반자가 되어주거나 벌로 고독을 주는 방식으로 우리는 남자들을 끊임없이 관리하려 한다. 이는 매우 오랫동안 남성이 여성을 자신의 문제라고 생각해왔던 방식과 매우 유사하다.

남성이 우리의 문제가 아니라 우리가 책임져야 할 존재라고 하면, 우리는 그들의 실험이 어떻게 될지 왈가왈부할 자격이 없다. 우리가 제일 잘 아는 체해서도 안 된다. 우리는 남성성 전문가가 아니다.

그렇다고 해서 그 과정에서 우리가 아예 등을 돌린다는

의미는 아니다. 우리는 그들이 실험적인 시도를 하다가 개판을 만들고는 다시 차근차근 생각할 수 있도록 여지를 줘야 한다. 남성성, 부성, 동반자가 지녀야 할 자질의 전통적 양식이 재고되며, 가부장제가 자신을 해체하고 새로운 무언가를 창조하도록 허용하는 일은 우리 모두의 책임이다. 어느 한 집단이 다른 집단을 지배하거나 통제하는 일 없이, 우리는 나란히 새로운 무언가를 만들 수 있다.

여지를 준다는 것은 말하기보다 더 듣고, 우리에게 실제로 물리적 혹은 정신적 피해를 주지 않는 한 우리를 거슬리게 한다고 말이나 행동, 행위로 처벌하지 않는다는 의미다. 결과의 불확실성을 허용한다는 뜻이다.

이것은 페미니즘의 시초부터 우리가 남자들에게 요구해온 바다. 우리 자신에게 이러한 여지를 허용하라는 것. 그들이 우리에게 제대로 여지를 주지 않았다고 해서 우리도 그들에게 호의를 베풀지 말아야 하는 건 아니다. 내가 페미니즘이 사상과 사회를 새롭게 상상하고 재창조할 힘과 책임이 있다고 말할 때는 여성만을, 즉 "여자들이 우리를 새로운 예루살렘으로 인도해야만 한다"는 뜻이 아니다. 남성과 여성이 가치와 힘에서 동등하다는, 페미니즘의 동력이 되는 철학이야말로 함께 세상을 새롭게 상상하도록 해줄 것이다. 우리 자신만이 아니라 모두에게 도움이 되는 방식으로 말이다. 남성은 이 프로젝트에 참여할 수 있고 참여해야만 한다.

이것이 실현되려면, 우리는 남성과의 관계는 물론, 남성에 대한 우리의 생각 역시 새롭게 상상해야 한다. 욕망에 종속된 것은 우리의 상상력만이 아니라, 남성의 상상력도 마찬가지다. 그들도 우리가 원하는 남성에 대한 생각들로 물들어 있다.

한 집단이 다른 모두를 대변하여 세상을 만든다는 생각은 떨쳐버리고 함께 협동과 형제애의 세상을 만들어나가자.

8
안전은 타락한 목표다

Safety Is a Corrupt Goal

여자들은 고통받았다. 역사를 통틀어 여성들이 가부장제에 살면서 육체적으로, 심리적으로, 정서적으로 고통받은 사실을 완전히 증언하기란 거의 불가능하다.

고통받은 사실들을 반복하는 데 시간을 쓸 필요는 없다. 당신이 이 책을 여기까지 읽었다면, 알고 있을 것이다. 우리 모두 알고도 남는다.

아마도 페미니즘 글쓰기에서 이 시련의 연대기를 작성하는 데 너무 많은 시간을 보냈는지도 모른다. 우리가 우리 주장을 하는 건 당연하다. 우리는 여성이 무수한 방식으로 고통받았고 여전히 고통받는다는 사실을 사람들이 이해하기를 바란다. 이런 연대기 작업의 목적은 우선 단순하게는 여성에게 친구가 되어주는 것이다. 그리고 자신들에게 이롭다고 들었던 것이 실제로는 해로운 것이었음을 간파했다고 해서 여성들이 미친 건 아니라는 점과 여성들이 느끼는 인지부조화에는 타당한 이유가 있음을 알려주는 것이다. 이는 우리가 사는 시스템이 억압적이지 않다는 환상을 꿰뚫고, 이 시스템이 실제로 피해를 준다는 사실을 보여주는 방식이기도 하다.

그러나 여기엔 다른 동기도 있다. 우리를 억압하는 사람이 억압을 멈추도록 하고픈 욕망이다. 그러므로 우리는 이를 지적한다. 야, 여기 나 멍들었어, 이게 네가 입힌 상처야. 제발 그만둬.

고통받은 것은 사실이다. 지금 중요한 건 그래서 우리가 무엇을 하느냐다. 지정학적 현장을 둘러보면 한 집단의 고통이 다른 이들의 고통을 합리화하는 방식으로 이용된다는 사실을 쉽게 알아챌 수 있다. 공감을 형성하는 데 우리의 고통을 이용하는 것이 중요하다. 이는 다시는 약해지지 않겠다는 변명보다는 오히려 연약함을 필요로 하는 일이다.

오랜 시간 고통을 받으면 **충분히** 고통받았다고 말하고 싶은 유혹이 든다. 이제 그만 좀 하라고. 그 유혹이란 보호해줄 무언가를 만들고, 더는 피해받지 않도록 안전하게 지켜달라고 주장하고픈 마음이다. '피해'란 이런 상황에서 모호해진다. 폭력에 대한 위협에서부터 과거의 상처를 상기시키는 것들, 혹은 불편한 경험까지도 '피해'라는 기준에 들어갈 수 있다.

안전은 통제와 관련이 있다. 안전하다고 느끼려면 모든게 예측 가능해야 한다. 그리고 삶에서 무언가를 예측 가능하게 만드는 유일한 방법은 결과를 통제하는 것이다. 조종을 통해서건 폭행을 통해서건, 결과를 통제하는 행위는 다른 사람의 자유를 침해하는 비윤리적인 일이다.

안전과 평화 사이에는 큰 차이가 있다. 안전은 밖에 드러나는 행동이 가장 중요한, 표면적 차원의 청결함이다. 마치 거리가 얼마나 안전하고 깨끗한지 자랑하는 도시와도 같다. 그 도시의 감옥은 노숙자와 빈곤층과 정신질환자들로 가득하고, 쓰레기를 버리면 공개 태형을 당한다.

그런 도시는 빈곤층과 정신질환자를 위한 사회복지 프로그램이 있고, 무주택자들에게 주택이 공급되며, 공공시민 정책 덕에 범죄율이 낮은 평화로운 도시와는 매우 다르다.

현재 여성의 안전이란 남성에게 내려지는 엄한 징역형을 의미한다. 그 형벌은 갱생보다는 보복을 우선시한다. 미국 교도소 시스템이 얼마나 지옥 같은지를 알리는 많은 정보에도 불구하고 페미니스트 다수는 범행에 징역형을 요구하고, 복역 기간을 늘리는 증오범죄 지정을 옹호한다.

여성의 안전은 무례한 발언에 사려 깊고 정중한 발언으로 대응하는 대신 특정 말들을 혐오발언^{hate speech}으로 규정하고 탄원과 시위로 입 다물게 하는 것을 말한다.

이런 행위는 통제와 관련이 있다. 안전하게 느끼려면 주변 사람들의 말과 행동을 통제할 필요가 있다. 이는 폭력을 낳는 뿌리를 공격하는 것이나 사회적 조건들을 천천히 개선하도록 노력하는 일로 실현되지 않는다. 입 다물고 사라짐, 즉 불쾌한 물건이나 사람을 시야에 보이지 않도록 옮겨버리는 방법으로 실현된다.

폭력을 일으키며 쓰레기 같은 말이나 내뱉는 사람들의 권리를 우선시하자는 말이 아니다. 이것은 우리가 어떤 세상에서 살기 원하는지를 논의하는 대화다. 안전한 세상에 살고 싶은가? 도시 밖으로 노숙자들을 내쫓고 빈곤을 무찔렀다고 말하길 원하는가? "보세요, 거리에서 살던 모든 사람이 사라졌습니다, 우리는 그 문제를 정말 훌륭하게 물리쳤습니다!" 아니면 실제로 여성에게 피해를 주는 원인들을 인식하고 그것을 해결하는 매우 어려운 일을 해내길 원하는가?

안전은 단기 목표일뿐이며 지속 가능하지 않다. 결국 해결되지 않은 원인들은 새로운 방식으로 나타나 문제를 일으킬 것이다. 아무리 민들레를 뽑아도 그 망할 뿌리 전체를 파내지 않는 이상 계속 자라나는 것처럼 말이다.

그러나 평화는 싸워서 쟁취할 가치가 있는 것이다.

수세기 동안, 여성의 안전은 선전도구로 이용되었다. 잔혹행위를 저지르고 싶다면 당신이 없애버리고 싶은 그 사람들이 당신의 여성들에게 얼마나 위협적인 존재인지를 이야기하라. 이는 (백인 여성을 난폭하게 다루고 상처 입히는 무서운 검은 손이 그려진 포스터를 이용한) 반이민법에서부터 아프가니스탄 침공 추진에까지 이용된 방법이다. 탈레반의 여성 억압 때문에 많은 페미니스트가 그 전쟁을 지지했다는 점을 잊으면 안 된다. 우리는 아프간 여성들의 삶을 개선하기보다는 그들 중 상당히 많은 수를 죽였고, 그들의 일상을 더 불안전하고 더 끔찍하게 만들었다.

우리는 여성이 군대에 갈 '권리'를 위해 싸웠고, 전투의 최전방에서 여성이 싸울 권리를 쟁취했다며 이를 페미니즘의 승리라 자축한다. 이제 다른 사람들이 우리의 이름을 걸고 싸우는 게 아니라, 우리가 우리 자신의 안전이라는 명목으로 총을 들고, 다른 나라를 침략하고, 그 나라 사람들을 죽인다.

그러므로 우리는 여성의 안전이라는 개념을 들먹일 때 조심해야만 한다. 이 개념이 폭력을 정당화하는 데 이용됐던 역사를 알아야만 한다.

우리가 가부장제를 형사사법제도의 복합체처럼 바라보는 건 우려스러운 일이다. 여성의 안전 문제를 해결한답시고 사법제도가 많은 이의 고통을 일으키고 빈곤층에 불의를 행하기 때문이다. 우리 사법제도는 결국 갱생과 예방이 아닌 복수와 처벌을 지향한다.

물론 사법제도의 실패가 어제오늘 일은 아니다. 사법제도는 강간, 가정폭력, 성추행, 폭행 혐의를 중대하게 받아들이는 데 실패했다. 사법제도는 우리에게 상처를 입힌 사람들만큼이나, 혹은 그보다 더 우리를 처벌해왔다. 우리는 또한 이 제도가 우리의 남성들에게, 특히 흑인이거나 가난한 남성들에게 어떻게 피해를 줬는지도 목격했다. 그들이 이 제도로 어떻게 사형당하고 고문당하며 경범죄로도 수년간 사회에서 격리되었는지 목격했다. 진정 그런 제도 안에서 답을 찾을 수 있다고 믿는가? 그 제도 자체가 만들어내는 다른 불평등을 해결하지 못한 채 갑자기 여성에 대한 범죄를 진지하게 받아들인다면 그 제도가 실제로 '개혁'되었다고 여길 수 있는가? 우리는 정녕 더 많은 (흑인이거나 가난한) 남성들의 몸을, 그들을 파괴하도록 고안된 그 제도로 밀어넣고 싶은가?

얼마 전, 늘 있는 형사소송과 별다를 것 없는 형사소송 사건이 하나 있었다. 남녀의 의견이 갈리는 전형적 사건이었다. 여자는 남자가 성폭행을 했다고 주장했고, 남자는 아니라고 반박했다. 물리적 증거가 없었으므로 사건은 전적으로 증언에 의존했다. 단 피고 측에는 증거가 있었다. 피고 측은 여자가 남자에게 사랑을 표현하는, 문제의 사건

이후에도 보낸 이메일을 다수 확보하고 있었다. 법정에서 그녀는 섹스에 동의하지 않았다고 했지만 이메일에서는 섹스가 너무 좋았다고 말했다.

여자들이 자신을 폭행한 사람에게 그런 이메일을 보낼 법한 이유는 매우 많다. 일단은 폭행범에게 자신을 그만 폭행하도록 회유하는 시도일 수도 있다. 제발 나 그만 상처 입혀, 내가 너 이만큼 사랑한단 말이야.

어쨌든 남성 판사는 사건을 기각했다. 그로선 해야 할 일을 한 것이다. 이메일들은 고소인의 증언에 의심을 불러일으키기 충분했고, 이 고발이 그녀를 거절한 한 남자를 향한 복수일 가능성 역시 높아 보였다. 페미니스트들은 분노했다. 그들은 여성들의 말을 믿어야 한다고, 여성들은 그런 종류의 거짓말을 하지 않는다고 소리를 높였다. 하지만 페미니스트들은 판사의 결정을 기념하거나 적어도 용인해야 했다. 왜냐하면 그것은 시민권의 승리였기 때문이다. 남성의 승리였다고 해도 여전히 승리는 승리였다. 인도계 유색인이었던 그 남자는 그저 한 백인 여성의 말만으로 감옥으로 끌려가지 않았다. 백인 여성이 유색인종 남성을 고발하면 린치가 일어나고 무고한 사람이 수감됐던 과거를 잊으면 안 된다.

　결국 여자들도 그런 종류의 거짓말을 한다. 복수에서부터 관심을 얻기 위해서까지 거짓말할 이유는 많다. 일부 여자들은 지독하다. 우리는 이 사실을 잊어서는 안 된다. 그리고 그들의 신용을 뒷받침하기 위해 여자들이 거짓말을 하지 않는다고 주장해서도 안 된다. 거짓 고발 하나하나가 그 주장을 뒷받침한 우리의 신뢰성마저 즉각 떨어뜨리기 때문이다.

　페미니스트들은 그 판사의 결정을 지지했어야 했다. 목표는 단순히 젠더가 여성이라는 이유만으로 여성의 증언이 남성의 증언보다 더 많은 비중을 차지하는 불의 또는 거짓 정의가 아니라 정의여야 하기 때문이다.

　이 대목에서 당신의 울부짖음이 들리는 것 같다. "하지만 성폭행과 학대 혐의로 남자들을 아무리 고발해도 여자들을 절대 믿지 않는 남자들이 있어요. 여성을 나쁘게만 보고, 여자들이 남자들과 섹스를 하는 이유는 오직 성폭행으로 고발하고 이후 남자의 삶을 끝장내기 위해서라고 생각하는 남자들이 있다고요. 우리가 달리 어떻게 그들을 상대할 수 있겠어요?"

다시 한번 이전에 말한 내용을 반복하겠다. 남자들은 우리의 빌어먹을 문제가 아니다. 우리의 순수함과 결백을 주장함으로써 일부 남성들이 여성과 겪는 문제에 과잉보상 해선 안 된다. 다른 사람들의 비인간성에 대처하는 옳은 방식은 우리가 좀더 훌륭하고 정직한 부류의 인간이라고 주장하는 게 아니라 우리의 인간성을 주장하는 것이다. 일부 여성들이 하는 형편없는 짓거리, 그들이 저지르는 폭력, 그들이 자신이 원하는 바를 얻기 위해 하는 거짓말들을 시인할 필요가 있다. 우리의 의무는 누군가에게 무언가를 납득시키는 게 아니다. 그들이 믿기를 바라는 무언가를 믿게 하려고 그들이 듣고픈 얘기를 해주는 것은 또다른 형태의 통제다. 우리의 의무는 인간답게 행동하는 것이다.

전술했듯이, 우리는 복수하고픈 우리의 욕망을 인식해야 한다. 진정 오늘날은 아마도 처음으로 남성에 맞선 여성의 주장을 진지하게 받아들이는 시대이므로 문제를 해결할 가능성이 있다. 우리는 이 가능성을 어떻게 활용할지 주의해야 한다.

분노를 먹고사는 문화에서는, 특히 고통을 받아온 오랜 역사를 계속 되뇌며 새로운 피해에 강력한 대응을 우선시하는 문화에서는, 자비와 절제가 부족할 수 있다. 소셜 미디어에서 이런 행태가 보인다. 한 남성이 여성을 폭행했다고 고발당하면, 즉각 그 사람을 해고시키기 위해 노력한다. 그 문제가 개인적이고 직장과 전혀 무관하다 해도 말이다. 어떤 교수가 연인 관계의 파트너 폭행으로 고발당했다고? 대학에 청원해서 그 사람이 잘리도록 하자. 의사가 고발당했다고? 그 망할 자식을 블랙리스트에 올려놓고, 그의 생계수단을 공격하자.

　이것은 정의가 아니며, 여성을 위한 안전한 환경을 만들지도 못한다. 시위대는 여성을 보호하는 게 목적이라 하지만, 그 주장을 뒷받침할 만한 행동은 하지 않는다.

　그들은 어느 남자 하나가 우리 전체의 역사를 다 짊어지도록, 즉 우리에게 피해를 주고도 처벌을 피해간 모든 남성을 한 남자가 대신하기를 바라고 있다. 이건 복수다. 복수는 아무리 해도 충분치 않다. 우리는 이해를 바라는 게 아니라 삶을 파괴하고 싶은 것이다. 그게 복수가 아니라면, 누군가가 남성을 고발했을 때, 자칭 페미니스트인 여성일수록 자제를 호소하고, 이 고발에 대처하도록 선택된 제도에 결정을 위임할 것이다. 그 제도가 사법제도처럼 고장이 났다면, 시스템을 개혁하여 단순한 처벌이 아니라 갱생과 화해의 증진을 목표로 삼을 것이다. 아니면 개인 간의 문제를 다르게 처리하는 방식을 고안하려고 노력할 것이다.

사법제도가 여성 관련 문제들을 합리적이고 단호하게 처리하지 못하리라는 여성들의 믿음에도 수긍이 간다. 그러나 우리 스스로 경찰이 되자는 주장이 답은 아니다. 또한 신성모독에 맞서 홍수를 일으키고, 적절치 못한 성행위에는 도시를 파괴하는 구약의 야훼처럼 과중한 처벌을 주장하는 것도 도움이 되지는 않는다.

여성의 안전을 최우선이라 하면서도 우리는 사회 내에 여성을 위한 공간을 만들기보다는 사회로부터 여성을 격리하자고 주장하고 있다. 그것은 통제하고 조종하는 방법을 만들자는 말이다. 공정함과 평화라는 규칙이 아니라 우리의 특수한 욕구와 욕망에 따라 세상이 재조직될 필요가 있다고 말하는 것이다. 우리의 집단 정체성을 우리에게 무엇이 일어났는지로 계속 규정한다면, 우리는 주체가 아니라 객체로 계속 남으리라.

안전이 목표가 되는 순간, 그리고 우리가 **충분히 당할 만큼 당했다**는 지점에 도달하는 순간, 우리는 위협을 찾아 주변환경을 살피기 시작한다. 이런 상황에서는 단순히 짜증나는 일을 극도의 공격이라고 혼동하기 쉽다. 경계태세가 높을 때는 친구도 적처럼 보인다. 그리고 안전과 보호를 요청하는 일은 당신 자신의 상황을 책임지지 않으려는 행동이 될 수도 있다.

그 누구도 인정하고 싶지 않겠지만 모든 것은 훨씬 더 복잡하다. 범죄나 대립, 혹은 그저 의견차이가 있을 때도, 이를 단순화하는 방법은 한 사람을 공격자, 다른 사람을 피해자라고 이름 붙이는 것이다. 피해자라는 꼬리표에는 이점이 있다. 사람들이 당신에게 귀 기울여주고, 관심과 연민이 쏟아질 것이다. 피해자라고 선언되는 순간, 당신은 휴식을 취하며 회복할 시간도 얻을 수 있다. 당신이 하는 모든 일은 용감한 행동이다. 그렇게 동정을 얻으니 사람들이 피해자 입장에 서고 싶어하는 것도 무리는 아니다.

이것이 이렇게 수많은 이들이 피해자의 서사를 만들어내는 이유다. 홀로코스트에서 살아남았다며 거짓 회고록을 쓰는 사람들이나 대도시 갱 멤버라고 주장하는 교외 출신 백인 소녀들, 아메리칸 원주민인 척하는 백인 남성들, 단지 병원에서 관심을 받으려고 아이들의 건강을 돌보지 않는 엄마들처럼 말이다. 여성들이 자신이 피해자라는 거짓말을 할 리 절대 없다고 생각하는 이유 중 하나는 검증 절차가 너무 끔찍하기 때문이다. 어느 누가 자신을 그런 절차 속으로 밀어넣겠는가? 그러나 우리는 그 이유를 안다. 왜냐하면 전에 같은 방식으로 매우 많은 이들이 거짓말을 해왔기 때문이다.

여성처럼 역사적으로 희생되어온 집단과 연관되었다고 주장할 수 있으면 피해자 역할은 더 쉬워진다. 그렇지 않았으면 모호했을 공격자의 의도가 명확해지기 때문이다. 공격자는 여성을 증오한다. 그러지 않고서는 그 공격자가 특정 여성을 때리거나 강간하거나 나쁘게 말하거나 나쁘게 생각하거나 그녀에게서 무언가를 훔칠 리가 없었을 것이다.

범죄, 폭행, 순탄치 못한 만남은 상호작용이다. 가끔은 공격자와 무작위로 선정된 피해자라는 구도가 명백하다. 누군가가 당신의 호주머니를 터는 경우가 그렇다. 이를 의식하지 못했다는 것 외에 피해자는 잘못한 일이 하나도 없고 그저 희생양이 됐을 뿐이다. 가끔은 훨씬 복잡하다. 가난한 나라에서 비싼 시계를 차거나 고급 가방을 들고 있는 사람이 있다고 치자. 그 시계나 가방을 누군가 훔쳐갔다면, 이 사람이 범죄의 피해자가 될 만하다는 말은 아니지만, 뭔가 딱 잘라 말하기 더 어려운 문제라는 소리다. 여기에는 고려되어야 하는 요소들, 낮은 수준이지만 외면하지 못할 개인적 책임이 있다는 것을 인정해야지, 그렇지 않으면 증오의 씨앗이 심어진다. 이를테면 당신이 잘 사는 북미 백인이고, 라틴 아메리카에서 이런 일이 생겼다면, "이 나라 사람들은 더러운 범죄자들이야"라고 말하기 쉽다. 이 상황에 대한 당신의 책임은 외면하면서 말이다.

우리에게 피해를 주는 사람들이 여성을 증오한다고 주장하는 것은 이와 비슷한 일이다. 일부는 분명 여성을 증오하겠지만, 여성혐오가 이런 상호작용들의 필연적 원인은 아니다. 그러나 우리가 높은 경계태세에 있다면 작은 의견차이도 공격 같아 보이기 시작한다. 이런 일은 모두가 언제나 높은 경계태세에 있는 온라인에서 가장 뚜렷하게 드러난다. 한 남자가 한 여자의 주장에 의문을 제기하면,

(물론 그가 입을 닥치고 있는 게 더 나았을지도 모르긴 하지만) 그는 별안간 여성혐오주의자가 된다. 이런 상황에서 여성 필자는 남자가 지적한 문제를 고려조차 하지 않은 채 묵살할 수 있을 뿐 아니라, 문제제기 자체가 일종의 공격으로 간주된다.

이는 또한 개인의 문제들을 여성혐오에 따른 범죄들로 둔갑시켜버린다. 여자들은 종종 낭만적 사랑의 영역에서 무력하다고 느낄 때가 많은데, 이 프레임을 이용하여 자신들의 잘못일지도 모르는 행동에서 무책임하게 벗어날 수도 있다. 이를테면 연인관계에서나 데이트할 때의 감정적이고 어리석은 행동들에서 말이다. 자신이 원하는 방식으로 일이 진행되지 않으면, 이 실패의 원인을 남성의 뚜렷한, 날것 그대로의 여성혐오 때문이라고 돌려버리는 것이다. 사실은 그것이 "친밀해지면서 서로 더 예민해지는 가운데 남성과 여성이 서로에게 상처를 입히게 되는 꽤 정상적인 과정"일 수도 있는데 말이다.

공격자들에게 여성혐오주의자라는 꼬리표를 붙임으로써 우리는 일어난 일을 간편하게 이해해버리고 만다. 우리 때문이 아니라, 우리가 여성이라서 그런 거야. 그러나 이런 손쉬운 얘기들과 자신의 잇속만 차리는 서사들을 조심하라. 진정한 여성혐오주의자, 진정한 포식자들이야말로 이런 서사들을 우리에게 진정 불리하게 이용한다.

간단히 말해, 산다는 것은, 그리고 세상에 참여한다는 것은, 그냥 그 자체만으로 빌어먹을 일이다. 모두를 위한 안전한 환경을 창조하기보다 당신의 안위나 당신이 속한 집단의 안전을 우선시하는 것은 세상에 참여하기를 거부하는 일이다. 이는 "이 세상이 충분히 만족스럽지 못하니, 이 세상이 내 의지에 따라 굽힐 때까지 나는 세상에서 손 하나 까딱하지 않겠어"라고 말하는 것이다.

상처도 받고 충격도 받으며 만신창이가 될지도 모른다고 해서 참여를 거부한다면, 이는 당신이 함께한다고 주장하는 이들, 즉 여성들을 배신하는 행위다. 더 나은 세상은 물론, 당신이 함께한다고 주장하는 사람들의 더 나은 삶을 창조하고 싶다면, 지금 여기 불완전한 이 세상에 참여해야

만 한다. 게다가 이 모든 고통이, 그저 다른 이의 고통을 야
기시키는 변명으로만 쓰인다면 그 의미가 대체 무엇이란
말인가? 그 모든 고통은 헛되고 헛될 것이다. 우리의 고통
에서 무언가를 배우는 게 좋지 않겠는가.

9

앞으로 가야 할 길

Where We Go from Here

당신이 페미니즘에 누를 끼치는 건 아니다.

당신이 여자들을 망하게 하거나 자매들을 배반한 것도 아니다. 머리를 어떻게 자를지, 무엇을 먹을지, 어떤 청원서에 서명할지, 어떤 의견들을 말할지, 어떤 텔레비전 프로그램을 돈 내고 볼지 아니면 불법으로 다운받아 볼지 같은, 당신이 일상에서 하는 선택들이 이 세상을 파괴하지는 않는다.

그러나 마찬가지로 당신이 세상을 구하는 거창한 일을 하는 것도 아니다. 머리를 어떻게 자를지, 무엇을 먹을지, 어떤 청원서에 서명할지, 어떤 의견들을 말할지, 어떤 텔레비전 프로그램을 돈 내고 볼지 아니면 불법으로 다운받아 볼지에 따라 당신이 세상을 여성에게 더 안전한 곳으로 만드는 것도 아니다.

페미니즘은 너무 오랫동안 집단행동과 집단상상력에서 멀어져 라이프스타일의 일종으로 변해왔다. 하지만 라이프스타일이 세상을 바꾸진 않는다.

우리 모두가 종속돼 있는 가부장제가 당신에게 확신시키고자 하는 게 있다면 당신이 혼자라는 사실이다. 독립과 자유가 네가 원하던 거 맞지? 그래서 독립적인 당신은 허무와 고독을 향해 비틀거리며 나아갔고, 자유로운 당신은 표지판이나 참조할 만한 기준도 없는 텅 빈 곳에 존재하게 되었다.

페미니즘은 이러한 고립 상태의 대안이 될 수 있고, 대안이 되어야만 한다. 페미니즘은 우리가 현재 사는 방식의 대안을 만들어내는 방법이어야 한다.

여기 매우 심각한 장벽이 있다. 우리는 우리 삶이 편안하기를 바란다.

지금은 혁명을 시작하기 흥미로운 시점이다. 누구의 삶도 진정으로 편치 않기 때문이다. 정치적·경제적·사회적 불안정이 증가하면서 모든 이의 삶이 언제 어떻게 풍비박산 날지 모르는 취약한 상태로 전락했다. 그러니 단순히 함락할 운명에 놓인 무언가를 떠받치려고 노력하기보다 이러한 불안정한 시기에 창조적인 무언가를 도모하는 게 어떠한가?

혼돈 속에서 질서를 유지하려는 시도를 멈추라. 당신과 당신 것을 먼저 구하겠다는 노력을 멈추라. 지금까지의 온갖 극악무도한 행위들이야말로 '내 가족을 보호한다'는 이름으로 행해졌다.

우리는 우리가 무엇을 가치있게 여기고, 그것을 어떻게 표현하며, 사회가 어떤 가치를 높게 평가해야 하는지 등을 정의할 필요가 있다.

현재 돈은, 특히 소득과 존재가치를 연결하는 무의식을

통해 우리가 가치를 표현하는 방식이다. 어떤 사람이 경제적으로 어려운 상황이라면 그들이 이뤄낸 결과물도 가치가 없다고 여기는 반면 어떤 사람이 경제적으로 성공했다면 그들이 엄청 가치있는 일을 해냈다고 생각하는 태도에서 드러난다. 그러나 이는 또한 내 노동의 대가를 받지 못하면 그 일은 가치없는 게 틀림없다는 사고방식에서도 드러난다.

우리의 가부장적이고 자본주의적인 소비사회를 해체하려면 우리 안의, 그리고 다른 이들 속의 이러한 믿음체계를 공격해야 한다. 돈과 가치를 동일시하는 서로의 이야기를 멈추어야 한다. 우리는 가치가 사랑과 돌봄으로 표현되는 세상을 상상해야만 한다.

또한 가부장제에 다가가 우리를 가치있게 평가해달라고 부탁하는 일도 멈춰야만 한다. 우리는 이 제도 내에서의 성공이 의심스러운 것임을 스스로 인정해야 한다.

우리는 우리의 힘을, 우리가 이 문화에 속수무책이지만은 않다는 사실을 인지해야 한다. 우리는 이 문화의 참여자들이다. 우리는 이 문화를 만들어갈 수 있다. 그러나 말만이 아닌 노력이 필요하다. 돌아가는 부품들에만 반응하기를 멈추고 시스템 자체에 공격을 가하라.

우리는 문화에 대한 권리를 주장하고 문화를 점령해야 한다. 이 세상이 지금 같으리라는 법은 없다는 사실을 기억해야 한다. 착취행위에 상을 주어선 안 되고, 우리 지구와 우리 몸과 영혼의 타락을 거들 필요도 없다. 우리는 저항할 수 있다. 더 큰 사고를 해야만 한다.

우리는 상상력을 되찾아야 한다. 우리는 가부장적 상상력에 오염되어 제한을 받았다. 우리는 제한된 그만큼만 보았을 뿐이다.

우리에게 주어진 구조 너머를 보는 일부터 다시 시작해야 한다. 우리가 삶에, 가정에, 일에, 영혼에 질서를 부여하는 방식은 물론, 우리의 세계관을 전혀 새로운 방식으로 다르게 상상해야만 한다. 이는 그 어느 때보다 더 중요해졌다.

그리고 당신이 이럴 준비가 되어 있지 않다면, 그저 당신의 삶이 편안하기를 바란다면, 그냥 돈을 벌고 TV를 보고 이 생애에서 가능한 한 잘 살고 싶다면, 이를 스스로 인정하라. 당신은 페미니스트가 아니다. 그저 자신에게 솔직해지고 그걸로 끝내라.

그러나 나는 당신이 생각을 바꾸기를 바란다. 우리에겐 당신이 필요하기 때문이다.

저자의 말
/
Author's Note

다음과 같은 저자들의 저작에 깊은 감사를 드린다.

세라 슐만[Sarah Schulman], 에밀 시오랑[Emil Cioran], 두브라브카 우그레시치[Dubravka Ugrešić], 슐로모 산드[Shlomo Sand], 비르지니 데팡트[Virginie Despentes], 로버트 이안 무어[R. I. Moore], 프랑코 '비포' 베라르디[Franco "Bifo" Berardi], 이자벨 로라이[Isabell Lorey], 벨 훅스[Bell Hooks], 시몬 드 보부아르[Simone de Beauvoir], 앤절라 맥로비[Angela McRobbie], 마틸다 번스틴 시커모어[Mattilda Bernstein Sycamore], 재클린 로즈[Jacqueline Rose], 다이앤 디 프리마[Diane di Prima], 미셸 클리프[Michelle Cliff], 헬렌 가너[Helen Garner] 로라 키프니스[Laura

Kipnis, 마리아 타타르Maria Tatar, 엠마 골드만Emma Goldman, 마리나 워너Marina Warner, 에바 일루즈Eva Illouz, 브루스 벤더슨Bruce Benderson, 엘렌 식수Hélène Cixous, 마크 심슨Mark Simpson, 소니아 팔레이로Sonia Faleiro, 시몬 베유Simone Weil, 스테파니 쿤츠Stephanie Coontz, 아빌라의 성녀 테레사St. Teresa of Ávila, 줄리아 크리스테바Julia Kristeva, 산드라 로드리게스 니에토Sandra Rodríguez Nieto.

이분들의 책을 읽어보시길 권한다.

옮긴이의 말

/

Translator's Note

나는 페미니스트인가? 그렇다고 생각해왔다. 당당했다.
이 책을 읽기 전까지는. 그런데 저자인 제사 크리스핀^{Jessa}
^{Crispin}이 왜 자신이 페미니스트가 아닌가 신랄하게 조목조
목 짚어낼 때마다 점점 자신이 없어졌다. 지금보다 조금
더 잘 살고 싶고, "우리는 모두 페미니스트여야 합니다"라
는 문구의 가방을 자랑스럽게 들고 다니며, 억울하게 당했
던 경험들을 가슴에 품고 칼을 가는 내 모습이 크리스핀이
비판하는 오늘날의 페미니스트들과 겹쳐 보여서다.

　제사 크리스핀은 온라인 매거진 『북슬럿』$^{Bookslut, \ 2016년 \ 5}$
$^{월자로 \ 폐간되었으나 \ 인터넷에 \ 아카이브가 \ 남아 \ 있다}$의 운영자이자 서평가

이다. 그녀는 오늘날 개인주의·소비주의 문화와 결탁하여 개인과 기업의 마케팅 도구로 전락해버린 페미니즘의 현실을 개탄하며 페미니즘을 혁명적 사상으로 재건해야 한다고 주장한다.

그러나 이 책을 읽고 번역하는 내내 의구심이 떠나지 않았다. 과연 페미니즘이, 페미니스트라는 말이, 한국에서도 크리스핀의 모국인 미국에서와 같은 효과를 불러일으키는가? 얼마 전, 한국에선 페미니스트가 아니냐며 여자 아이돌을 공격하는 사건들이 있었다. 레드벨벳의 아이린이 여성주의적 문제의식을 드러낸 소설 『82년생 김지영』을 읽었다고 해서 격노한 한 팬이 그녀의 사진으로 화형식을 거행했다. 그런가 하면 에이핑크 손나은은 "Girls Can Do Anything"(여자들은 뭐든 할 수 있다)이라고 적힌 휴대폰 케이스를 손에 든 사진을 인스타그램에 올린 후 페미니스트가 아니냐는 비난을 받았다. 논란 끝에 그 아이돌은 사진을 삭제하고, 소속사는 협찬품이었다고 상황을 무마했다. 이런 현실에서 페미니스트라고 스스로 선언하는 것이 무의미하다는 저자의 비판이 한국의 상황에 얼마나 들어맞는지는 생각해볼 필요가 있다.

아마도 이 책에서 가장 논쟁적인 부분은 6~8장일 것이다. 크리스핀은 '정치적 올바름'으로 무장하고 그간의 울분을 터트리는 방식으로 남성 개개인을 공격하고 응징하는 페미니스트들을 비판하며 우리가 어떤 싸움을 선택해야 할지 경종을 울린다. 개별 사례가 중요하지는 않겠지만, 공교롭게도 이 책의 6장에 나오는 팀 헌트 경 사건은 한국여성기술과학단체총연합회가 주최했던 세계과학기자대회 오찬에서 일어난 일이었다. 헌트의 농담은 크리스핀이 인용한 것보다는 조금 더 문제가 될 소지가 있었다. 남자와 여자가 같은 실험실에 있으면 사랑에 빠진다는 말 외에도 "여자를 비판하면 그들은 운다"(when you criticize them, they cry)라는 발언도 있었으니 말이다. 농담은 무의식의 진심을 반영하기도 한다. 헌트 경도 그랬을지도 모른다. 실제로 그 직후 BBC와의 인터뷰에서도 "내가 (연구실의) 여성과 문제가 있다는 말은 진심이다. (…) 내 농담이 불쾌했다면 진심으로 사과한다. 그럴 의도는 아니었다. 그저 사실대로 말하려고 했을 뿐이다"(I did mean the part about having trouble with girls. … I'm really, really sorry I caused any offence, that's awful. I certainly didn't mean that. I just meant to be honest, actually)라고 답하기도 했다. 그렇지만 과연 그 농담이 노벨상까지 받은 과학자의 경력을 파괴할 정도로 심각한 수위의 행동이었을까. 벼르고 있던 청중 하나가 일을 크게 부풀렸다는 크리스핀의 견해에 전적으로 동감한다. (참고로 헌트가 재직하던 대학에서 해고되고 며칠 후, 한국여성과학기술단체총연합회는 사과를 요구하는 편지를 팀 헌트 경에 보냈고, 그는 이에 답하는 이메일을 통해 공식 사과문을 보냈다.)

8장에서 저자는 안전이 타락한 목표라고 했으나, 일단 여성혐오가 심각하며, 여성이 안전하지도 않다는 현실을 인정하는 것도 필요하다. 멀게는 2016년 5월, 서울 강남역 살인 사건이 있었고 가깝게는 미국에서 먼저 시작된 미투 운동(할리우드의 유명 제작자 하비 와인스타인의 성폭력 범죄를 폭로하고 비난에 연대하는 의미로 소셜 미디어에서 해시태그 #MeToo를 달며 미국에서 시작된 운동)이 있다. 이 미투 운동이 역자 후기를 쓰는 2018년 봄, 한국에서도 한창이다. 각계에서 많은 성폭력 사건들이 드러났다. (이 지면을 빌려 자신의 아픈 성폭력 경험을 용기 있게 폭로하고 고발한 피해자들에게 존경과

지지를 보낸다.) 성폭력 사건은 피해자 중심주의로 다뤄지기 마련이다. 가해자 중심 사회에서 피해자의 주관적인 느낌을 성폭력 판단 기준에 중요한 참고 증거로 삼자는 개념이다. 노파심에 덧붙인다. 피해자 중심주의는 피해자의 경험이 유일한 판단 기준이란 말은 아니다. (그렇지 않아도 '중심주의'라는 단어가 불러일으키는 오해 때문에 일각에서는 이를 '피해자 관점'으로 바꿔 부르자는 논의가 있다.) 8장에 나오는 형사소송 사건을 예로 들어보자. 피해자가 가해자에게 보낸 이메일을 볼 때, 피해자가 성폭행을 당했다고 거짓말을 했을 가능성이 지극히 높았다. 따라서 이를 기각한 판사의 결정은 분명 옳다. 그러나 이 예시 때문에 피해자 관점 자체가 부정되어서는 안 된다. 즉, 거짓말을 하는 여자들이 일부 있다는 사실을 인정한다고 해서, 여성 피해자들 모두가 가해자를 응징하려고 나선 복수의 여신들이라고 생각하면 곤란하다. 남성 전체를 성욕의 노예이자 발정난 늑대라는 괴물이라 치부해버리면 안 되는 것처럼 말이다.

이 재기발랄한 에세이의 부제는 '페미니스트 선언'이다. 마지막 장에서 크리스핀은 "우리에겐 당신이 필요하다"고

손을 내민다. "전 세계 노동자들이여, 단결하라!"고 부르짖던 마르크스의 공산당 선언이 떠오른다. '그래, 이런 가부장제 사회 따위 분연히 떨치고 나가자!'라고 결의를 다지며 앞으로 나아가야 할 것 같다. 소위 '라이프스타일 페미니즘'(크리스핀이 오늘날의 자유주의 페미니즘을 비판적으로 일컫는 용어)을 공격하며 가부장제 자본주의 소비사회를 무너뜨리고 새로운 세상을 열자는 저자의 논의는 사실 상당히 이상적인 총론에 가깝다. 문화를 점령하고 상상력을 되찾자는 주장이나 보살핌, 연민, 애정, 공감력 등 흔히 '여성적' 가치를 높게 평가해야 한다는 말 역시 페미니스트 담론에서 새로운 이야기만은 아니다. 그럼에도 페미니즘이 더 나은 세상의 청사진을 제공하는 데 실패했을 뿐 아니라 가부장제 자본주의 소비사회와 결탁했다는 그녀의 신랄한 지적은, 새롭지 않을지는 모르나, 여전히 유효하다. 크리스핀이 말하는 대로 페미니즘의 이름으로 문화를 점령하고 상상력을 되찾은 후, 구체적으로 페미니즘을 각자의 삶에서 실천하는 것은 독자의 몫으로 남는다.

역자 또한 독자로서, 페미니스트라 자처하는 한 여성으

로서, 크리스핀의 문제제기와 선언에 깊이 공감한다. 그중에서도 가장 수긍이 갔던 것은 7장으로, 페미니즘이 여성들에게 대안적 삶의 가치를 제시하거나 대안적 삶이 가능하게끔 돕는 인프라는커녕 그런 대안적 삶을 꿈꾸는 상상력조차 만들지 못했다고 비판하는 부분이었다.

역자 역시 현 자본주의 가부장제 사회가 제시하는 삶과 행복의 기준만을 무조건 추종하지는 않겠다는 결심도 하지만 현실은 늘 녹록치 않다. 사실 이 책을 번역하면서도 참 힘들었다. 두 돌이 안 된 어린 딸을 타지에서 키우는 엄마이자 주부로서, 또한 유학생의 부인이자 집에서 일하는 여성 프리랜서 번역자로서, 나는 어떤 삶을 살고 있으며 앞으로 어떻게 살고 싶은지를 끊임없이 자문했다.

언젠가부터 집이 휴식의 공간이라기보다는 퇴근할 수 없는 일터가 돼버렸다. 그야말로 '자기만의 방'이 절실했다. 번역하려고 컴퓨터를 켤 때마다 어린 딸은 내게 매달렸다. 어질러진 집안을 정리하고 산더미같이 쌓인 설거지와 빨래를 처리하는 것도 주로 집에서 일하는 내 몫이었다. 때로는 가족 공동의 일을 먼저 하고 막상 내 일은 하지 못하고 마는 나 자신이 한심하고 처량했다. 해도 티가 안

나고 안 한 것만 부각되는 가사노동 및 육아, 보살핌 노동
은 누구의 몫이어야 하는가. 남편은 비교적 내 문제의식
에 동조하고 가사노동 및 육아에 참여하려고 노력하는 편
이다. 그런데도 남편과 싸우기도 참 많이 싸웠다. 남편은
자기 나름대로 최선을 다하고 있다고 주장하고 나는 나대
로 이렇게 할 일이 많은데 왜 그게 보이지 않느냐고, 아니
왜 보려는 시도조차 하지 않느냐고 날을 세웠다. 크리스펀
이 말했듯이 나 역시 결혼제도에 비판적 시각을 갖고 있었
지만, 내 파트너만은 다를 것이라고, 혹은 내가 다르게 '계
몽'시키면 된다고 믿었다가 발등 찍힌 페미니스트인지도
모른다.

　딸을 낳아 키우면서 고민은 더 많아졌다. 왜 나는, 그것
도 스스로 페미니스트라고 자랑스럽고 당당하게 자부하는
나는, 자발적 희생에 이다지도 익숙한가. 모성이라는 신화
를 비판하자는 페미니즘 담론을 머리로는 수긍하던 내가
맞닥뜨린 엄마되기의 구체적 경험은 달라도 너무 달랐다.
아이가 예쁘다고는 해도, 아이를 위해서라면 내 몸을 돌보
지 않는 것은 물론, 크고 작은 집안일을 스스로 떠맡는 일
은 역시 여자로, 그것도 맏딸로 자라온 사람으로서 덕지덕

지 붙은 가부장제 사회의 찌꺼기인가. 그렇다면 내 딸은 앞으로 어떤 여성으로 키워야 하는가. 그런 질문이 꼬리에 꼬리를 물었다. 이 책을 읽고 번역하면서 질문은 더욱 늘어났다. 크리스핀 역시 자신이 "해답보다는 질문이 더 많다"고 하지 않았는가. 그래도 문제를 인정하고 직시하는 일은 적어도 올바른 길을 여는 첫걸음이라고 믿는다.

자, 다시 한번 물어본다. 나는, 당신은, 우리는 페미니스트인가. 그렇다면 어떤 페미니스트이며, 앞으로는 어떤 페미니스트가 될 것인가. 나는 여전히 "내 삶이 편안했으면 좋겠고, 돈을 벌고, TV를 보고, 이 생애에서 가능한 한 잘 살고 싶다." 제사 크리스핀에 따르면 이런 나는 페미니스트가 아니다. 그렇다고 크리스핀의 모든 말을 곧이곧대로 실천할 생각은 없다. 이 책이 나온 후 『가디언』지와 한 인터뷰에서 크리스핀은 "일단 모두 남편과 이혼부터 하고 (실천을) 시작해봐요!"(You can start by all divorcing your husbands!)라고 종용한다. 인터뷰를 진행하던 사람도 순간 농담인가 귀를 의심했지만, 아니었다.("For a moment, I wonder if she's joking. But, no.") 바로 이어지는 크리스핀의 말을 옮겨본다. "이 억압의 제도에 참여하는 방식을 이해하는 과정이 분명 있어야 합니다. 결혼제도에는 여성을 사유재산으로 취급해온 역사가 있으므로, 결혼했다면 그 역사를 정당화하는 것이죠."(There does have to be a process of understanding the way you participate in these systems of oppression. Marriage's history is about treating women as property, and by being married you're legitimizing that history." 인터뷰 전문 링크: https://www.theguardian.com/world/2017/apr/23/jessa-crispin-todays-feminists-are-bland-shallow-and-lazy)

아아, 졌다. 싸우니 어쩌니 해도 남편과 그런대로 살 만하다고 생각하는 내가 어찌 감히 이를 실천하겠는가. 그래도 일단 저자의 말대로 이 빌어먹을 억압적인 제도에 동참하고 있는 나의 여러 가지 모순된 욕망을 솔직하게 인정하고 조금씩이나마 그 너머로 가볼 생각이다. 여러분에게도 제사 크리스핀이 내미는 손을 잡고 함께 가보자고 권하고 싶다.

2018년 5월

유지윤